빛깔있는 책들 ●●●
154

범어사

글 | 채상식, 서치상, 김창균 • 사진 | 김종섭

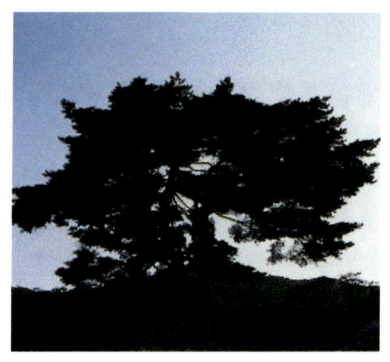

대원사

저자 소개

연혁-채상식

서울대학교 문리대 국사학과를 졸업하고 같은 대학 대학원에 서 석사·박사학위를 취득하였다. 청주사범대학 전임강사를 거 쳐 현재 부산대학교 인문대 사학과 교수로 재직 중이다. 저서로 『고려 후기 불교사 연구』, 주요 논문으로 「한말 일제 시기 범어 사의 사회 운동」(한국문화연구 4, 1991.) 등 여러 저서와 논문 이 있다.

건축-서치상

부산대학교 건축공학과를 졸업하고 동 대학원에서 한국 건축사 를 전공하여 「조선왕조 원당사찰의 조영에 관한 연구」로 박사학 위를 취득했다. 현재 순천대학교 건축공학과 부교수이며, 대한 건축학회, 한국건축역사학회, 문화재보존학회의 회원으로 활동 중이다. 저서로는 『전라 좌수영성의 복원적 고찰』, 『여천 홍국사 의 건축』 등이 있고, 논문으로는 「한국 불사 건축의 히에로파니 적 공간 구성에 관한 연구」, 「송광사의 복원에 관한 연구」, 「원각 사 창건 공사에 관한 연구」 등 여러 편이 있다.

유물-김창균

동국대학교 미술학과(불교미술 전공)를 졸업하고 홍익대학교 대학원 미술사학과에서 미술사를 전공, 동국대학교 대학원 미 술사학과 박사과정 중에 있다. 현재 문화체육부 문화재전문위 원·문화재감정위원으로 김포공항 문화재감정관을 맡고 있으 며, 동국대학교와 강원대학교에 출강 중이다. 주요 논문으로 「한국청동은입사향완의 연구」, 「동국여지승람과 조선 전기까지 의 금속공예」, 「불교 공양구」 등이 있다.

차 례

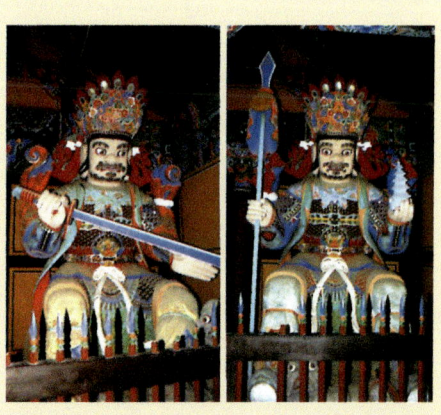

범어사

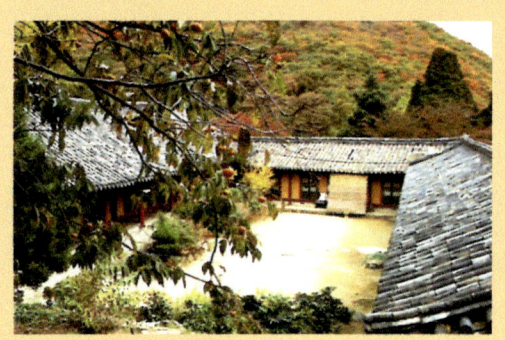

창사(創寺) 정신

창사 배경

부산의 명산인 금정산 기슭에 자리 잡고 있는 범어사(梵魚寺)는 양산의 통도사, 합천의 해인사와 함께 경상남도의 3대 사찰로 널리 알려져 있다. 범어사는 대웅전과 3층석탑을 비롯한 많은 문화재를 보유하고 있는데, 오늘날 한국 불교계의 중심적인 역할을 수행하고 있는 사찰 가운데 하나라고 할 만한 규모다.

범어사에 대한 현존 기록으로 가장 오래된 것은 최치원(崔致遠)이 지은 『법장화상전(法藏和尙傳)』이다. 이 기록에 의하면 범어사는 해동 화엄종 십찰 가운데 하나로 되어 있다. 이는 일연(一然)이 『삼국유사(三國遺事)』에서 신라의 화엄 십찰(華嚴十刹)을 열거하는 중에 '금정범어(金井梵魚)'라고 한 것과도 일치한다. 하지만 이들 기록에는 범어사의 창건에 대한 자세한 내용은 없고 명칭만 보일 뿐이다. 따라서 범어사의 사격(寺格)이나 역사적 전개 과정을 제대로 알기는 대단히 어렵지만 신라 때부터 '금정산'과 '범어사'라는 명칭이 존재했음을 알 수 있다.

한편 조선 초에 만들어진 지리지(地理志)에는 범어사 창건에 관한 설화적인 내용들이 단편적으로 소개되어 있다. 그리고 임진왜란 이후 본격적인 중창 불사가 이루어지는 조선 숙종 26년(1700)에 제월 담권(霽月

曇捲)이 남긴『고적(古蹟)』이라는 기록이 있다. 이를 영조 22년(1746) 동계(東溪) 스님이 의상의 제자인 표훈(表訓)이 지은『유사(遺史)』와 합철하여『범어사 창건사적(梵魚寺創建事蹟)』을 만들었다. 여기에는 범어사의 창건 과정과 연혁이 비교적 자세하게 서술되어 있다. 이들 사료는 연대가 떨어질 뿐 아니라 다분히 설화적인 성격이 농후하여 실증적인 자료로서는 한계가 있지만 대체적인 사정과 윤곽을 파악하는 데 도움이 된다.『범어사 창건 사적』의 내용 가운데 일부를 옮겨 보면 다음과 같다.

범어사는 당 문종 태화(太和) 19년 을묘, 곧 신라 흥덕왕 때에 창건되었다. 일찍이 해동의 왜인이 10만 병선을 거느리고 동해안에 이르러 신라를 침략하고자 하여 왕이 근심하고 있었는데 문득 꿈속에 신인(神人)이 나타나 말하기를 "왕이시여, 근심하지 마소서. 태백산에 의상(義湘)이라는 스님이 계시는데 진실로 금산보개여래(金山寶蓋如來)의 제7 후신(後身)입니다. 항상 성중(聖衆) 1천, 범중(凡衆) 1천, 귀중(鬼衆) 1천 해서 모두 3천 명의 대중을 거느리고 화엄의지법문(華嚴義持法門)을 연설합니다. 이에 화엄신중(華嚴神衆)과 40법체(法體), 제신(諸神) 및 천왕이 항상 떠나지 않고 따라다닙니다. 또 동쪽 해변에 금정산이 있고 그 산정에는 50여 척이나 되는 바위가 우뚝 솟아 있는데 그 바위 위에 우물이 있어 항상 금색으로 사시사철 언제나 가득 차고 마르지 않습니다. 그곳에는 범천(梵天)에서 오색구름을 타고 온 금어(金魚)가 헤엄치며 놀고 있습니다. 대왕께서는 의상 스님을 맞이하여 함께 그 산의 금정암(金井岩) 아래로 가서서 칠일 밤낮으로 화엄신중(華嚴神衆)을 독송하면 그 정성에 따라 미륵여래가 금색신(金色身)으로 화현하고 사방의 천왕이 각각 병기를 가지고 색신으로 화현할 것이며, 또 비로자나여래가 금색신으로 화현할 것입니다. 보현, 문수, 향화동자 등 40법체와 제신과 천왕을 거느리고 동해를 위압하게 되어 왜병이 자연히 물러갈 것입니다. 만약 후대에 훌륭한

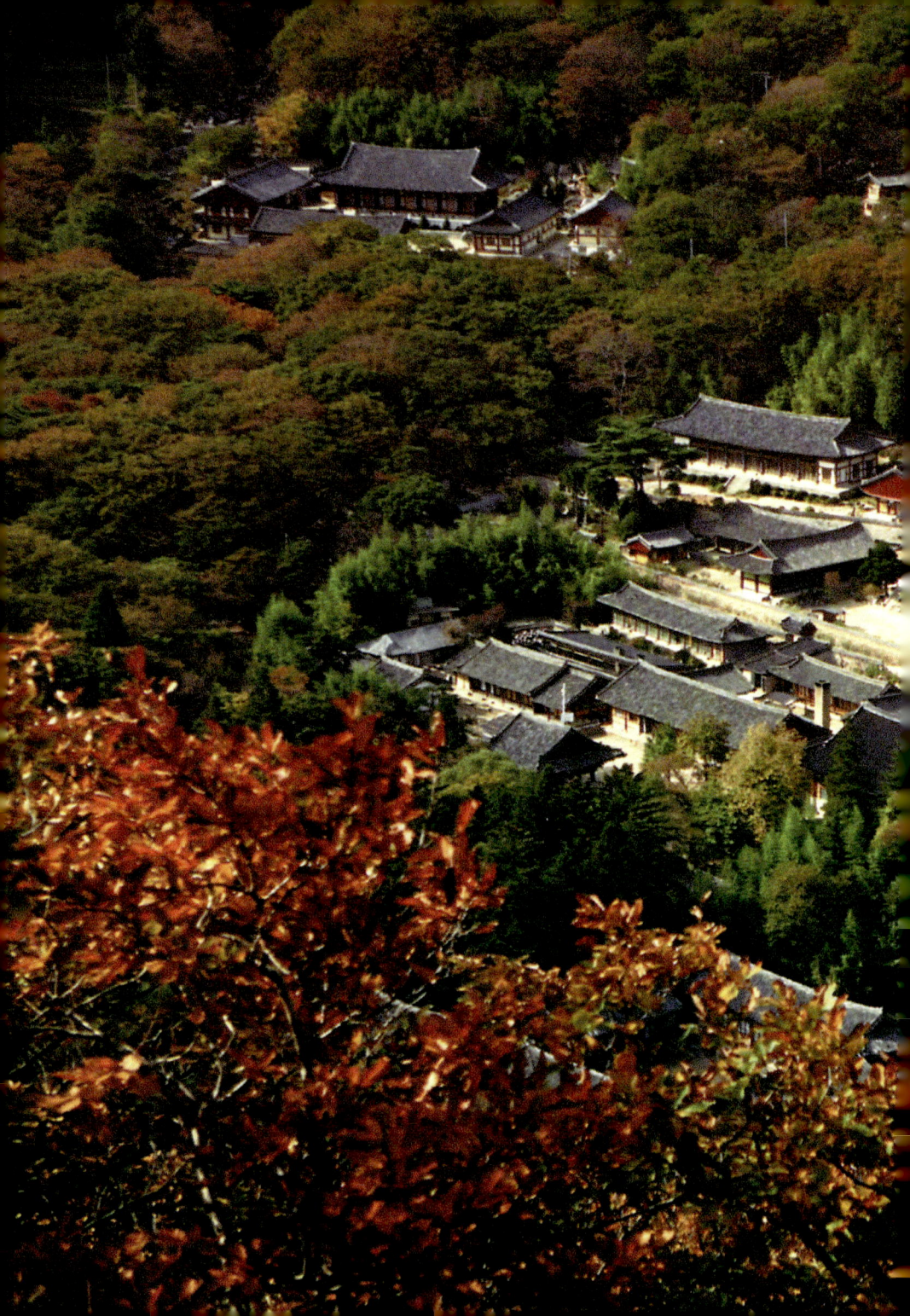

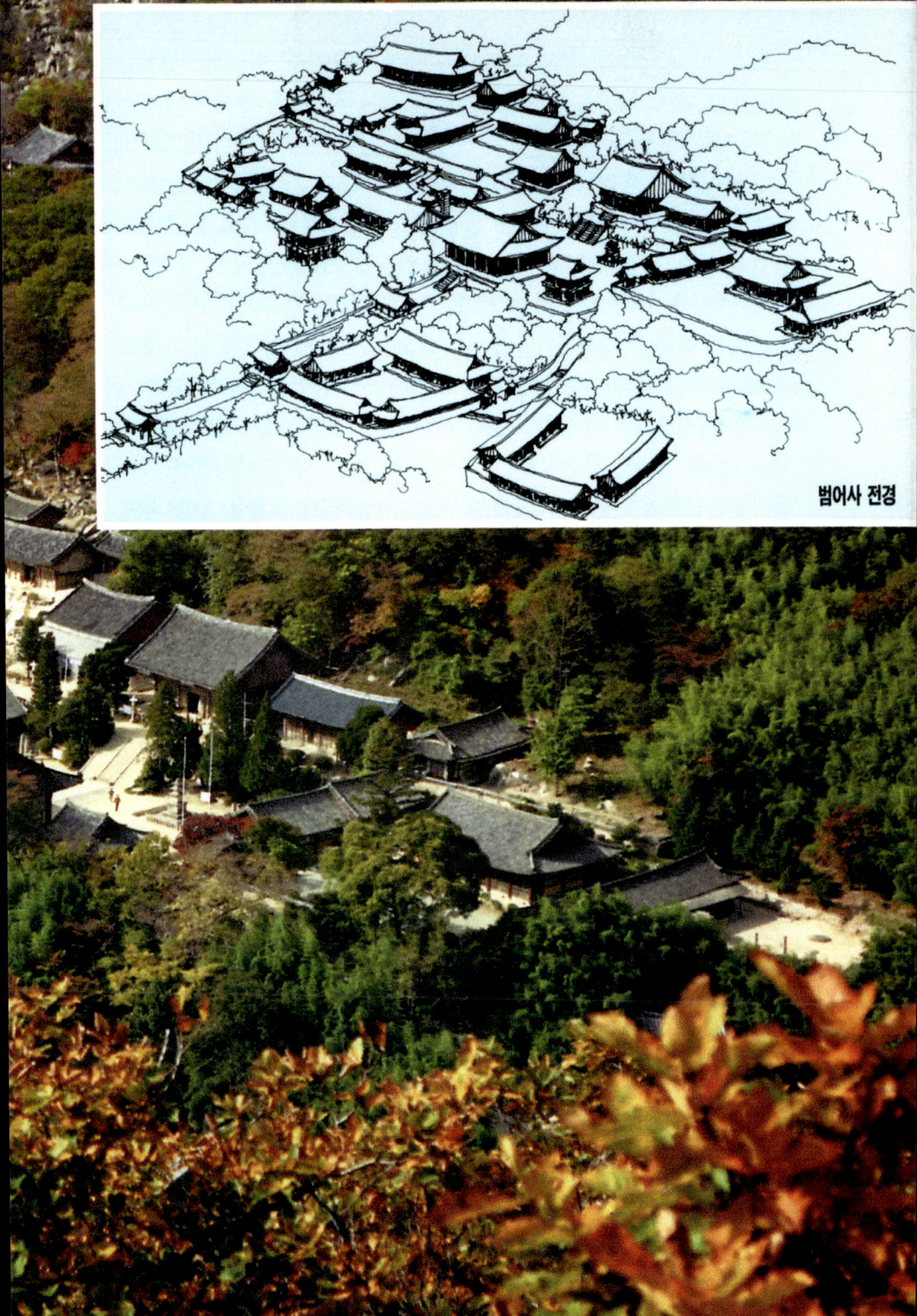

범어사 전경

법사(法師)가 출현하여 계속 이어가지 않는다면 왜적들이 침입하게 되어 사방에서 병란이 끊어지지 아니합니다. 그러니 금정암 밑에서 화엄 정진이 계속 이어지도록 한다면 자손이 끊어지지 않고 전쟁이 영원히 없을 것입니다."라 하고서 (신인은) 곧 사라졌다.

왕이 놀라 깨어나 새벽을 지새고 (아침이 되자) 여러 신하를 불러 모아 길한 조짐의 꿈 이야기를 하고서는 즉시 사신을 보내 의상을 맞아 오게 했다. 왕은 (의상과 함께) 친히 금정산으로 가서 칠 일 밤낮을 일심으로 독경(讀經)했다. 이에 땅이 크게 진동하면서 홀연히 제불(諸佛), 천왕, 신중 그리고 문수동자 등이 각각 현신하여 모두 병기를 가지고서 동해에 임하여 적을 토벌하였다. 활을 쪼고 창을 휘두르며 혹은 칼을 비처럼 뿌리며 혹은 모래와 돌을 비처럼 휘날렸다. 또한 바람을 주관하는 신은 부채로 흑풍(黑風)을 일으키니 병화(兵火)가 하늘에 넘치고 파도가 땅을 흔들었다. 이에 왜선이 서로 공격하여 모든 병사가 빠져 죽으니 살아남은 자가 없었다. 왕이 매우 기뻐하여 드디어 (의상을) 봉해서 예공 대사(銳公大師)로 삼으니 이것이 곧 꿈의 영험이었다. 이런 연유로 금정산 아래에 범어사를 창건하였다.

이 기록에서 우선 논의되어야 할 것은 범어사의 창건 연대다. 여기에는 범어사가 당 문종 태화 19년 을묘, 곧 신라 홍덕왕 때에 창건된 것으로 되어 있다. 태화는 827년부터 835년까지 9년 동안 사용된 연호로, 그 19년은 없다. 그런데 간지(干支)의 을묘는 태화 9년, 신라 홍덕왕 10년(835)에 해당한다. 그러므로 태화 19년은 9년의 착오였다고 생각되며, 따라서 범어사의 창간 연대를 우선 이때로 보아도 무방할 것이다.

그러나 문제는 홍덕왕보다 1세기 반이나 앞 시대의 인물인 의상 대사를 범어사 창건에 결부시키고 있다는 점이다. 일반적으로 범어사는 문무왕 18년(678)에 의상 조사가 창건하고 홍덕왕 때 크게 개창하였다고 설명하고 있다. 그러나 현재 범어사에는 초창기에 해당하는 석조 유물이나 자료가 전혀 없고 의상 단계의 화엄종에서는 비로자나불이 출현하지 않았다는 사실이 의문으로 남는다. 이런 연유로 초창기의 범어사 절터를 현위치가 아닌 다른 곳으로 비정하는 견해도 있다.

다만 금정산이라는 산명이 갖는 종교적인 상징성과 또 인접한 양산의 지정학적 위치 그리고 현재 범어사 관내에 남아 있는 원효대·의상대 등을 고려한다면 범어사는 비록 소규모이고, 또 현존하는 범어사와 그 위치가 다르다고 하더라도 이미 신라 통일기 초반인 문무왕 때 창건된 것이 아닌가 한다.

따라서 창건 설화에 흥덕왕이 보이는 것으로 보아 현존하는 범어사는 흥덕왕대에 비로소 대규모 사찰로서 건립되었음을 반영하는 것이라고 해석된다. 이는 범어사 대웅전 앞에 있는 3층석탑(보물 제250호)과 석등, 원효암에 있는 석탑 등이 대체로 9세기경의 신라 양식이라는 사실과도 부합된다. 그리고 흥덕왕대의 창건 설화에 의상이 보이는 것은 범어사가 화엄 계통의 전통을 갖는 사찰임을 강조하기 위한 의도였을 것이다.

그러면 9세기에 범어사가 대규모 사찰로 건립된 역사적 의의는 어디에 있을까. 아울러 창건 설화에서 말하고자 하는 의미가 무엇인가.

첫째, 종파불교(宗派佛敎)의 중심 교단이라고 할 수 있는 화엄종이 9세기경에 이르러서는 지방 사회로까지 확산, 성장했음을 반영한 것이라 할 수 있다. 신라에서 불교는 고대 국가의 발전 과정에서 국가 정신을 수립하고 새로운 세계관을 제시함으로써 절대적인 공헌을 하였다. 초기에는 주로 수도 경주에서 왕실이나 귀족층을 대상으로 삼았던 불교는 의상이 활약하였던 신라 통일기를 전후로 하여 일대 변화를 맞았다. 이러한 변화를 단적으로 말하자면 종파 불교의 성립이라고 할 수 있다.

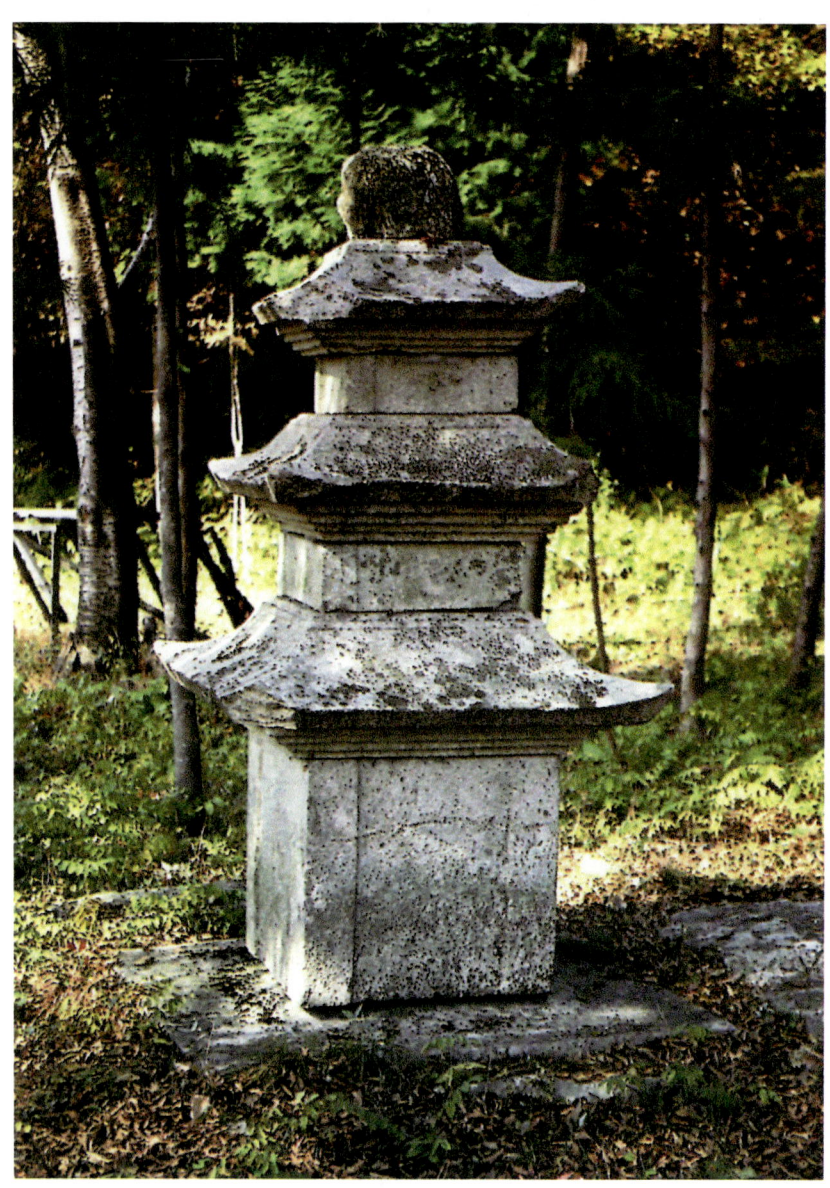

원효암 석탑

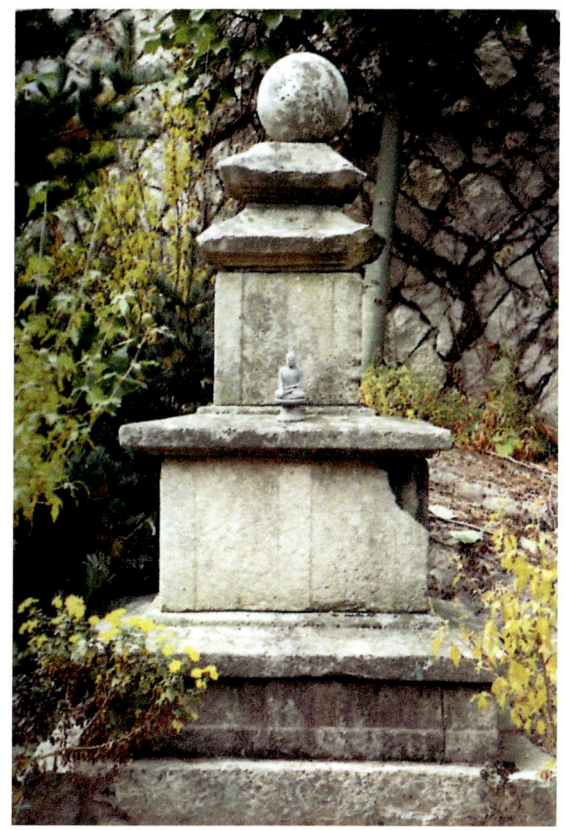

범어사의 석물들 폐탑은 모서리 기둥과 가운데 기둥이 표현된 통일신라 석탑의 한 모습을 보인다. 범어사에는 통일신라 때의 유물이 거의 남아 있지 않지만 9세기경에 가람의 규모를 갖추었을 것으로 추정된다.

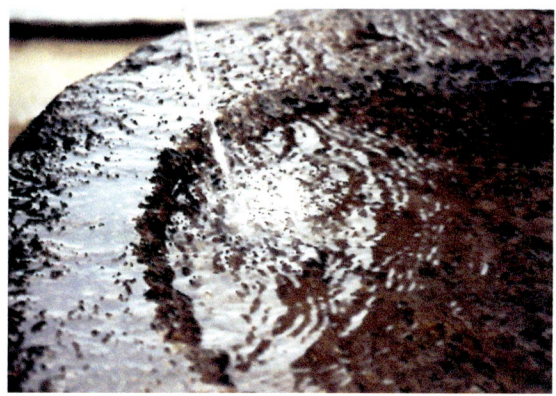

신라 통일기를 전후하여 왕실과 귀족을 중심으로 수용되었던 불교는 교화승들의 활약과 민중 내부의 성장으로 인하여 계층적으로 점차 대중화되었을 뿐만 아니라 지역적으로도 수도 중심에서 지방 사회로 확산되어가는 추세였다. 이는 불교가 일부 제한된 계층의 신앙으로서 한정적으로 기능하던 종래의 위치에서 좀 더 보편적 사상으로 기능하게 되는 내부의 자기 발전으로 이해할 수 있다.

한편 불교의 계층적·지역적 확산과 더불어 중국으로 유학했던 승려들이 귀국함으로써 이들을 중심으로 불교 자체의 철학적 이해가 심화되면서 이를 바탕으로 교학 체계가 성립되기 시작하였고, 또 왕실은 선진 문화를 수용한다는 차원에서 이들을 적극 받아들였다. 이러한 현상들은 신라 중고기의 진평왕(眞平王)대를 기점으로 하여 서서히 나타났다.

이와 같이 교학과 의식 체계가 확립되어 가는 기반 속에서 불교 대중화가 더욱 확산되는 단계를 종파불교 성립기라고 할 수 있다.

이 시기를 기점으로 성립된 종파는 대표적으로 화엄종, 신인종, 법상종 등을 들 수 있다. 이와 같은 종파가 점차 발전하면서 지방 사회에까지 확산되어 화엄 십찰과 같이 지방에 사원이 건립되는 중요한 배경이 되었다. 특히 범어사는 화엄종이 지방에 확산되어 가는 과정에서 창건된 사찰로, 흥덕왕대 9세기 초반 당시의 불교계 상황을 말해 주는 것이다.

둘째, 창건 설화에 나타난 왜적을 물리치기 위한 영험담은 당시의 시대적 분위기를 어느 정도 반영하고 있는 것으로 보인다. 한반도 동쪽에 위치한 신라는 일찍부터 왜의 직접적 약탈을 받고 있었는데, 이는 국가 통치 체계를 마비시킬 정도로 심각한 것이었다. 따라서 왕실을 비롯한 지배층 입장에서는 왜의 침입에 대한 적극적인 대비책을 마련하지 않을 수 없는 상황이었다. 그러므로 자연히 동해안에 대한 중앙정부의 관심이 높아지고 그 구체적 대안이 이 지역에 관방을 쌓는다거나 사찰을 건립한다거나 왕의 유골을 동해안에 안치하는 등의 형태로 나타났다.

예컨대 왜의 침입 예상 지역에 대한 국가의 사찰 건립은 불력(佛力)에 의해 왜구를 막고자 하는 신앙적 기원과 사찰의 무력적 기반을 적극적으로 이용하고자 하는 국가의 의도가 관철되어 이루어진 것이 아닌가 한다. 범어사의 창건 설화는 비록 설화적인 요소를 지니고 있지만 당시의 이러한 사회적 상황을 반영한 것으로 생각된다. 또한 그 당시의 사찰이 신앙 외적인 기능, 곧 군사상 거점으로서의 역할을 수행했다는 사실을 고려한다면 범어사 창건 설화가 갖는 의미는 어느 정도 이해될 것이다.

이상과 같은 상황에서 창건된 범어사는 비록 흥덕왕대에 장건되었다고 하더라도 의상이 개창한 화엄종 계통의 사찰로서 역사적 의미를 갖는다. 또 앞에서 말한 것처럼 의상 때 이미 소규모의 사찰이 창건되었을지도 모른다. 어떻든 화엄종과 맥락이 닿는 범어사의 창사 정신, 곧 사상적 기반은 의상이 개창한 화엄종에서 찾을 수 있을 것이다.

의상과 화엄종

의상(625~702년)의 전기에 대해서는 단편적인 기록들이 많이 남아 있다. 특히 『삼국유사』, 『송고승전』 등에 많은 내용이 담겨 있기 때문에 비교적 자세하게 알 수 있다. 의상의 성은 기록에 따라 김씨 혹은 박씨로 분분하지만 그가 왕경(王京) 출신이며 진골 신분이었음은 분명하다. 그는 나이 19세가 되는 643년에 출가하였으며, 650년에 원효(元曉)와 함께 입당(入唐) 유학을 시도하였으나 실패로 끝나고, 그 뒤 661년에 입당하여 특히 지엄(智嚴)의 문하에서 8년 동안 화엄학을 수학하였다.

그는 671년에 귀국하여 전국의 산천을 두루 편력하고, 676년에 문무왕의 지원에 힘입어 부석사(浮石寺)를 창건함으로써 화엄종을 개창하였다. 초기 화엄종은 부석사가 소재하고 있는 경북 북부 지역을 중심으로 성장하였다.

의상의 사상 체계는 화엄학을 기반으로 하고 있는데, 그는 자신의 대

현재의 일주문에 걸린 현판
(오른쪽 위, 아래)
구한말(1904년경)의 일주
문　어칸에 '조계문'이라
현액하였다.(아래, 조선총
독부, 『조선고적도보』권13
에 수록)

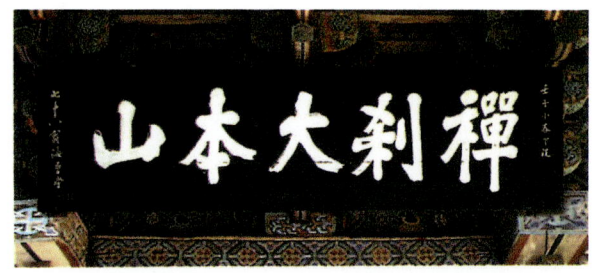

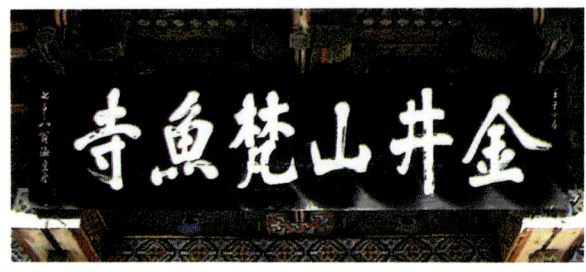

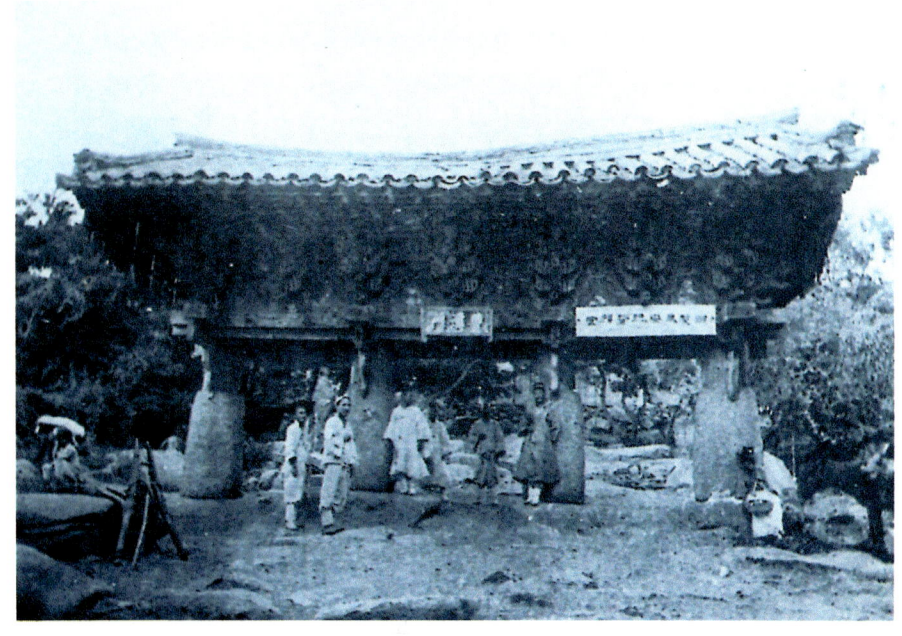

표적인 저술인『화엄일승법계도(華嚴一乘法界圖)』에서 "하나가 바로 일체이며, (중략) 하나의 아주 작은 먼지(미진(微塵)) 속에 시방(十方)의 세계가 포함된다."고 표현하고 있다.

일승원교(一乘圓敎)로서의 원융 사상(圓融思想)인 통합 사상이 의상의 핵심적인 사상 체계라고 할 수 있다. 의상은 이러한 원융 사상을 기반으로 하면서 특히 실천 신앙을 중시하고 강조했던 인물이다. 그의 스승인 지엄이 의상을 가리켜 '의지(義持)'라 하고, 지엄을 계승하여 중국 화엄종을 개창한 현수(賢首)를 '문지(文持)'라고 한 것에서도 그러한 사정을 짐작할 수가 있다.

그렇다면 의상이 표방한 실천 신앙은 어떤 내용인가. 그것은 부석사를 창건하면서 무량수불(無量壽佛)을 주존불로 삼았던 사실에서 알 수 있는 것처럼 아미타불 신앙, 곧 내세 구원 신앙이었으며 이는 당시 원효가 표방했던 실천 신앙과 맥락이 닿는다고 할 수 있다. 그러나 의상은 내세 신앙에만 머무르지 않고 현세의 고난을 극복하기 위한 관음 신앙을 강조하였는데, 이는 그가 당에서 귀국한 직후 낙산사(洛山寺)를 창건할 때 남긴 관음보살 설화라든가 그가 찬술한『백화도량발원문(白花道場發願文)』에서도 알 수 있다.

이상에서 살펴본 바와 같이 의상은 '화엄학'이라는 교리와 이에 따른 작법(作法) 체계를 확립하고, 중국의 화엄종과는 달리 실천 신앙으로서 아미타, 관음 신앙을 표방함으로써 부석사를 중심으로 한 화엄종을 성립하였다. 이러한 화엄종의 성립이 갖는 역사적 의의는 크게 다음의 두 가지 측면에서 살펴볼 수 있다.

하나는 신라 중대 왕실의 이념적인 역할을 담당했다는 점이다. 신라 중대 왕실이 통일 전쟁을 수행하는 과정에서 진골 귀족 세력을 억누르고 전제적·중앙 집권적인 체제를 구축하려는 정치적 상황과 고구려와 백제를 통합함으로써 야기된 제반 상황, 또 통일 전쟁에 동원된 사회 제

계층 가운데 지방 세력과 일반 민들의 재편 문제 등을 고려할 때 신라 왕실로서는 통합 사상을 중심으로 성립시킨 의상의 화엄종이 가장 적격이라고 판단했을 것이다.

다른 하나는 일반 민초들의 신앙적 욕구를 일정한 신앙 체계 속으로 끌어들였다는 점이다. 곧 화엄종은 당시 통일 전쟁이라는 현실적인 상황 속에서 신앙적 구원을 갈망하는 일반 민초들의 고난에 대한 해답을 제시했다고 볼 수 있다. 이는 또한 이전에 왕실, 귀족들만이 전유하던 불교 신앙을 사회 전 계층이 공유하는 단계로 전환되어 갈 수밖에 없었던 역사 발전의 측면과 맥락을 함께한다.

다른 한편으로는 원시적이고 미신적인 요소를 지니고 있던 재래의 개별 분산적인 신앙 체계를 고등 신앙 체계로 재편하려는 측면도 고려해야 할 것이다. 물론 이러한 현상은 삼국 간의 통일 전쟁 과정에서 일반 민들이 일정하게 성장하고 있었기 때문에 가능했으며, 또 신라 중대 왕실의 전제 왕권을 강화하려는 의도와도 연결되는 것이다. 따라서 신라 중대 왕실이 화엄종 개창의 신앙적 기반이었던 실천 신앙에 대해 긍정적·호의적인 태도를 보인 것은 역사의 당연한 산물로 생각된다.

이상과 같은 시대적 상황과 사상적·사회적 분위기 속에서 화엄종이 개창되고, 이러한 전통을 기반으로 하여 범어사가 신라의 화엄 십찰 가운데 하나로 흥덕왕대에 창건되었다고 하겠다. 그리고 『범어사 사적기』에 의상의 제자 표훈(表訓)이 범어사에 관한 자료인 『유사』를 남긴 것으로 기록되어 있는 것에 기인하여 표훈이 범어사에 주석한 것으로 확대 해석하는 것은 신중하게 생각해 볼 문제다.

어떻든 범어사는 사상적·신앙적으로 화엄 계통의 사찰이었으며, 지역 사회의 종교 중심지로서의 한정된 기능만을 가졌던 것으로 보기보다는 국가적 차원에서 특히 동해안의 안위를 책임지고 있던 국가 비보 사찰(神補寺刹)의 기능을 가졌던 것으로 보는 것이 타당하다고 생각한다.

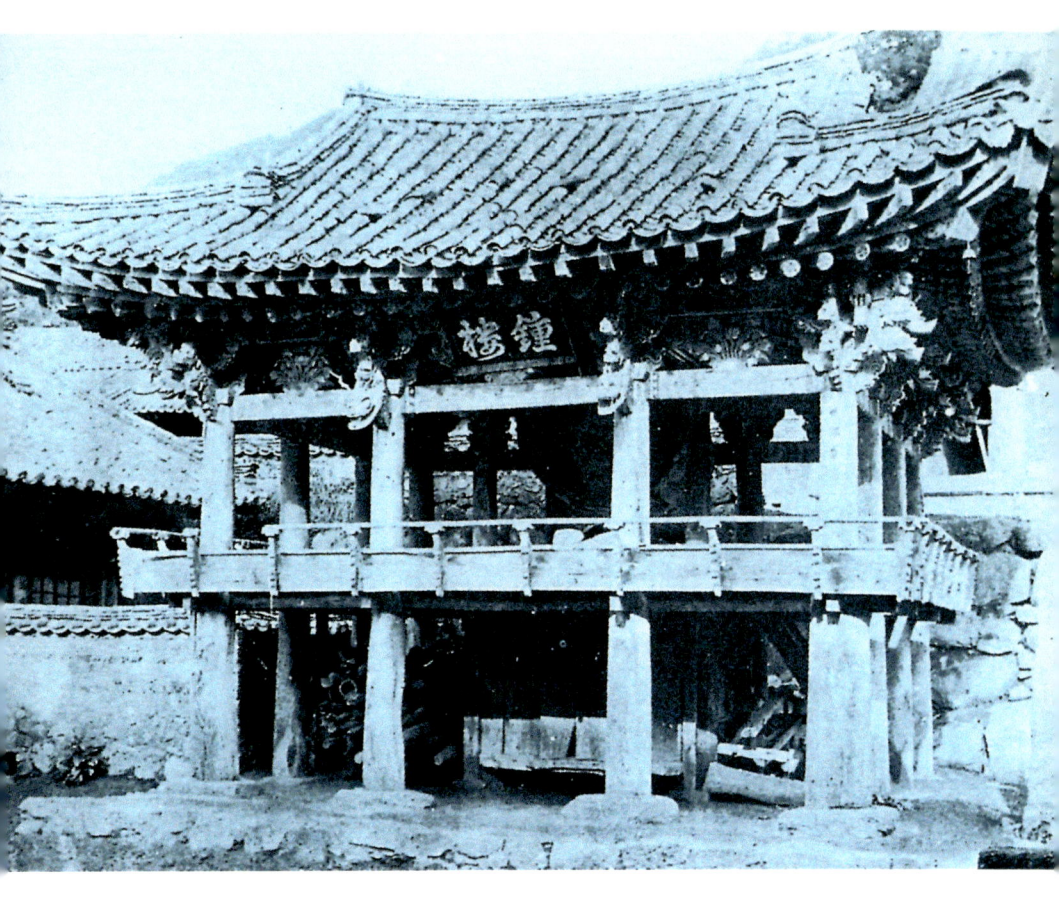

구한말(1904년경)의 종루　3층석탑 맞은편에 있던 옛 종루다. 지금의 종루와는 현판 글씨가 다를 뿐 모든 법식(法式)은 그대로다. 뒤편으로 담장 너머 심검당이 보인다.(조선총독부,『조선고적도보』권13에 수록)

연혁

　신라시대에 창건된 이후 범어사가 어떻게 변천했는가에 대해서는 기록이나 전설이 남아 있지 않기 때문에 조선 전기까지의 모습은 파악하기 어렵다.

　범어사와 관련된 기록이 현존하지 않는 가장 큰 이유는 무엇보다도 임진왜란 때 범어사가 파괴되었기 때문이라고 생각한다. 당시 범어사가 위치한 동래는 왜로 보면 제1선 교두보이자 우리로서는 최전선 기지였기 때문에 이 지역에서 치열한 격전이 벌어졌고, 이어 동래성 함락과 함께 범어사 역시 왜의 직접적인 방화와 약탈의 대상이 되었을 것이다. 혹 범어사가 철저하게 파괴된 것은 범어사의 군사적 기반과 관련 있는지도 모르겠다.

　어떻든 범어사는 임진왜란 때 왜에 의해 크게 불타 버렸다. 그 이후 10여 년을 폐허로 있다가 선조 35년(1602)에 관선사(觀禪師)가 중건하였으나 곧이어 화재로 소실되었다. 그러다가 광해군 5년(1613)에 현감(玄鑑)·묘전(妙全)·계환(戒環)·유계(裕戒)·희흡(熙洽)·법인(法仁)·천원(天元)·덕균(德均) 등의 스님들이 법당과 요사채, 불상과 시왕상(十王像) 그리고 필요한 모든 집기를 갖추어 중창했다. 그 뒤로 범어사는 많은 고승을 배출하면서 사원의 규모를 넓혔으며, 한말 일제 시기에는 '선찰대본산(禪刹大本山)'이란 이름 아래 민족적인 사찰로서 우리의 불교를 수호하는 데 앞장섰을 뿐 아니라 근대 불교를 지향하는 발판을 만들었다고 할 수 있다.

　그러면 범어사가 근대 민족 불교를 지향하는 중심 역할을 담당하게 된 배경은 무엇이었을까. 이러한 문제 의식을 가지고 조선 후기 이래 불교계의 동향과 범어사의 위상을 사상적·경제적인 면을 중심으로 살펴보기로 한다.

범어사의 주석 스님들

임진왜란을 통해 보여 준 승병(僧兵)들의 활약으로 이후 승려들의 사회적 지위가 이전에 비해 상대적으로 현저히 향상되었다. 또 서산이나 사명 대사 같은 분들이 출현하여 사상적으로 분열되어 있던 분위기를 일신함에 따라서 조선 불교는 일시적으로 중흥의 기회를 맞게 된다. 서산 대사 휴정(1520~1604)은 선(禪) 중심의 입장에 서면서도 불법 수행에 염불(念佛)·교(敎)·선(禪)의 삼문(三門)을 인정하는 포용적 견해를 내세웠다. 이러한 경향이 점차 확대되면서 19세기 초에는 호남 지역을 중심으로 하여 선에 관한 일대 논쟁이 일어나기도 하였다. 당대의 선지식이었던 백파 긍선(白坡 亘璇)과 초의 의순(草衣 意恂) 사이에 치열한 선문 논쟁이 벌어지고 여기에 추사(秋史) 김정희(金正喜)와 송광사의 우담 홍기(優曇 洪基), 설두 유형(雪竇 有炯), 법주사의 축원 진하(竺源 震河) 등이 참여하면서 거의 1세기에 걸쳐 논쟁이 계속되기도 하였다.

이러한 선문 논쟁에 이어 19세기 말 이후에는 새로운 경향이 나타나게 되었다. 이는 수선결사(修禪結社)의 경향으로 크게 두 방향에서 일어났는데, 하나는 경허 성우(鏡虛 惺牛, 1849~1912)가 범어사·해인사를 중심으로 결성한 결사이며, 또 하나는 1926년에 용성 진종(龍城 震鍾, 1864~1940)이 수별전화구선(修別傳話句禪)을 주창하고 결성한 만일결사회(萬日結社會)라고 할 수 있다. 그런데 이러한 경향은 직접적이든 간접적이든 범어사와 밀접한 관련이 있었다. 용성 스님의 경우 뒤에 그의 제자인 동산(東山) 스님이 범어사에 주석함으로써 범어사와 깊은 인연을 맺었다. 이제 범어사에 직접 주석하면서 선회(禪會)를 주도했던 경허 스님을 중심으로 활약상과 그 의의를 살펴보자.

경허 스님은 범어사에서 1900년에 개설된 선원을 주도하고, 1902년에는 『선문촬요(禪門撮要)』를 편찬하였으며, 이어 1903년에 결사를 주도하였다.

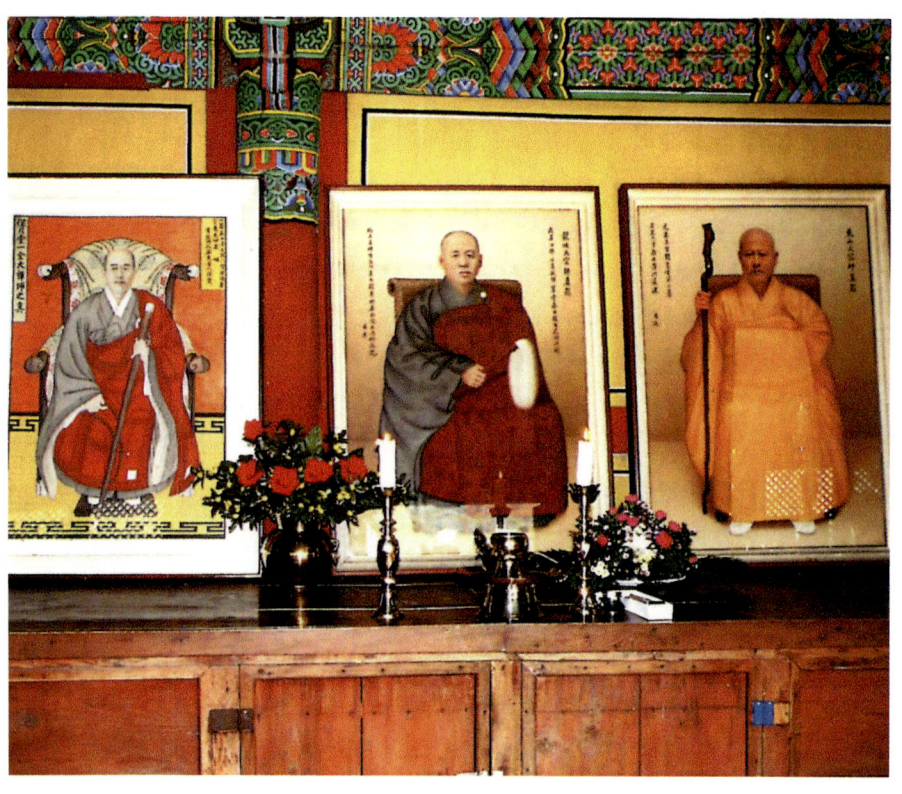

범어사에 주석했던 스님들의 영정 범어사는 많은 고승을 배출하면서 사원의 규모를 넓혔으며, 한말 일제 시기에는 '선찰대본산(禪刹大本山)'이라는 이름 아래 민족적인 사찰로서 우리 불교를 수호하는 데 앞장섰을 뿐 아니라 근대 불교를 지향하는 발판을 만들었다.

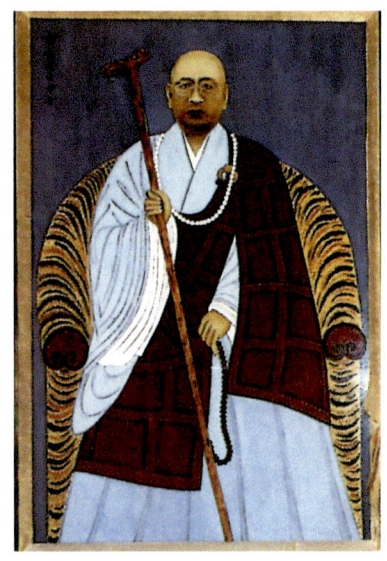

주석 스님들의 영정

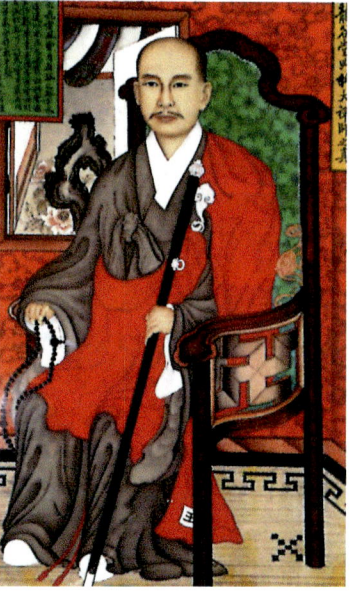

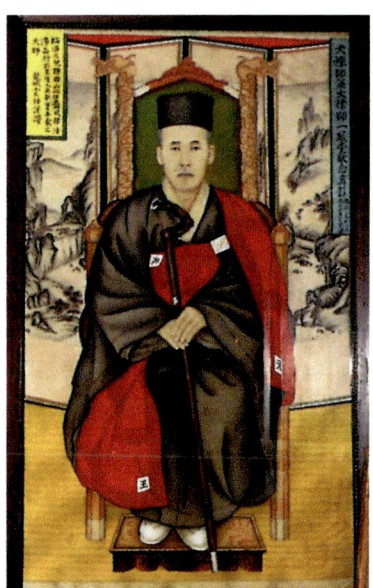

당시 경허가 주도한 결사의 경향은 선을 위주로 하되 대승적인 차원에서 교적인 입장까지도 포용하는 것이 특징이었다. 그의 결사는 모든 대중이 차별 없이 함께 정혜(定慧)를 닦아 정각(正覺) 이루기를 원하는 의지를 표명한 것이다.

이 같은 경허 스님의 활약이 가능하기까지는 그의 영향을 받은 당시 범어사 주지 오성월(吳星月)의 노력이 많이 작용했다. 오성월은 1899년 음력 10월 1일 범어사 금강암에 선원을 창설하고 연이어 범어사 부속 암자에 선원을 개설하였다. 그는 1900년 10월에 안양암, 1902년 4월에 계명암, 1906년 6월에 원효암, 1909년 1월에 안심료·승당, 또 1910년 10월에 대성암 등에 선원 선회를 창설하여 선풍을 크게 진작시켰다.

이에 따라 범어사는 1910년에 한국 불교의 선종(禪宗) 수사찰(首寺刹)로 인정을 받게 되었으며, 1911년 1월에는 명실상부하게 '선종 수찰(禪宗首刹)'이라는 명의로 전국 사찰에 공문을 공포하기도 하였다. 그리고 1913년에는 다시 '선찰대본산'으로 확정되어 선종의 본산으로 자리 잡았으며, 아울러 많은 참선 학인을 배출하였다.

선원과 선회의 창설을 통해 선사상을 강조하는 범어사의 사상적 경향은 경허 스님에게서 크게 영향을 받은 것이며, 1910년대에 조선총독부가 발포한 사찰령에 반대하는 임제종 운동과 이후 항일 민족 불교의 정신적 기반으로 계승되었다. 임제종 운동은 1910년 한일합방 이후 당시 원종(圓宗)의 종정 이회광(李晦光) 등이 일본 조동종(曹洞宗)과 연합 조약을 체결함으로써 한국 불교를 조동종에 팔아넘긴 매종 행위를 비판한 운동이다. 당시 일제는 조선 사찰의 반포를 통해 본사(本寺) 중심제의 불교 운영과 그 주지직은 총독부의 명령을 따라야 할 것을 요구하였다. 그 결과 세속을 계도해야 할 종교인들이 오히려 세속을 향해 머리를 굽히는, 다시 말해 가치가 전도되는 현상이 나타났다. 아울러 일제는 식민지 정책의 일환으로 사찰이 점유하고 있던 토지에 눈을 돌려 그것을 빼앗기 위해서 사찰에 거주하던 승려들을 몰아내려는 음모를 꾸미는 한편, 나아가 사원의 운영을 장악하고 교단의 종권(宗權)까지를 넘보게 되었다.

이러한 불교계의 위기를 맞아 이회광 등은 일제와 타협하여 보신적인 입장을 취하였다. 일제의 한국 침략과 더불어 밀어닥친 일본식 불교에 물든 이들은 민족의 독자성을 말살하려는 식민지 정책의 비호 아래 파계, 괴법(壞法)하면서 사원 장악을 자행하였다.

이에 대항하여 당시 백양사의 박한영(朴漢永), 범어사의 한용운·오성월 등을 중심으로 한 영호남의 승려들이 1911년 1월에 순천 송광사에 모여 임제종을 세우기로 결의하였다. 이어 임제종은 총무원을 범어사로 옮기고, 서울을 비롯하여 광주·대구·동래·초량 등에 포교소를 세워 원종과 대치하면서 세력을 확장하였다. 이에 총독부는 임제종이 범어사를 중심으로 활동하는 것을 막기 위하여 경상남도 지사에게 명령하여 임제종 총무원을 해산시키기에 이르렀다.

이러한 임제종 운동만이 아니라 이를 계승하여 선종 부흥을 꾀하면서 선학원(禪學院)을 1921년에 설립할 때도 서울 인사동의 범어사 포교당을 이용한 점이라든가, 1922년 3월에 선학원을 활성화하기 위해 79인의 선승들이 '선우공제회(禪友共濟會)'를 창립할 때 오성월·기석호·오이산 등 범어사 승려들이 중심이 되어 활동하였다는 사실은 1900년대 전후에 범어사가 전개한 선풍 진작 운동이 근대 불교사에서 얼마나 큰 비중을 차지했는가를 말해 주는 것이다.

이와 같이 20세기에 접어들면서 범어사를 중심으로 선 사상이 풍미한 경향을 어떻게 해석해야 할까. 적어도 선 사상 자체가 근대 불교의 지표라고 말하기는 어렵다 하더라도 선 사상의 진작을 통해 사상적·신앙적으로 피폐된 불교계의 현실을 바로잡고자 한 노력은 중요하게 인식하지 않을 수 없다. 이러한 노력이 결국 봉건 질서를 타파하고 근대 사회를 지향하는 당시 사회의 진보적인 흐름에 수렴되었으

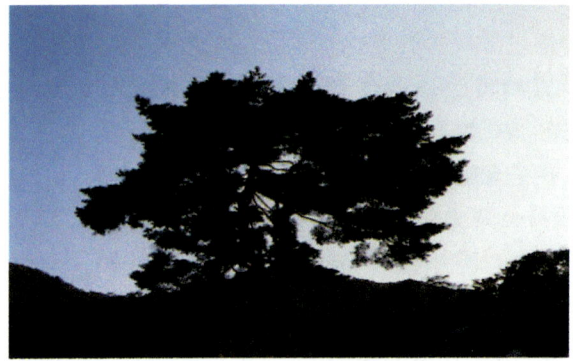

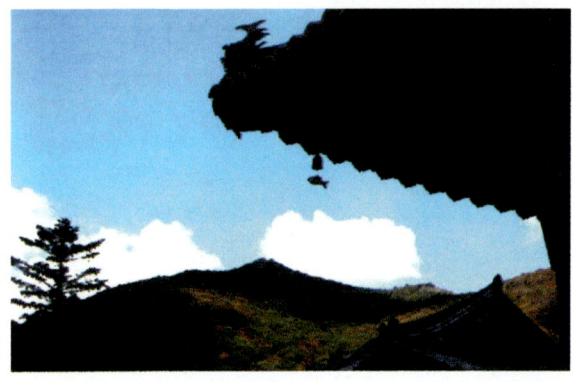

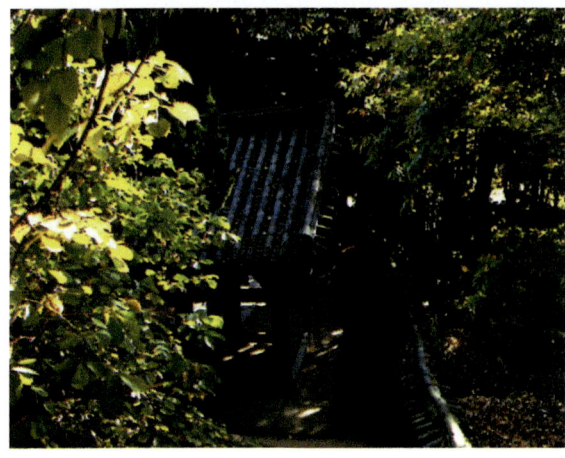

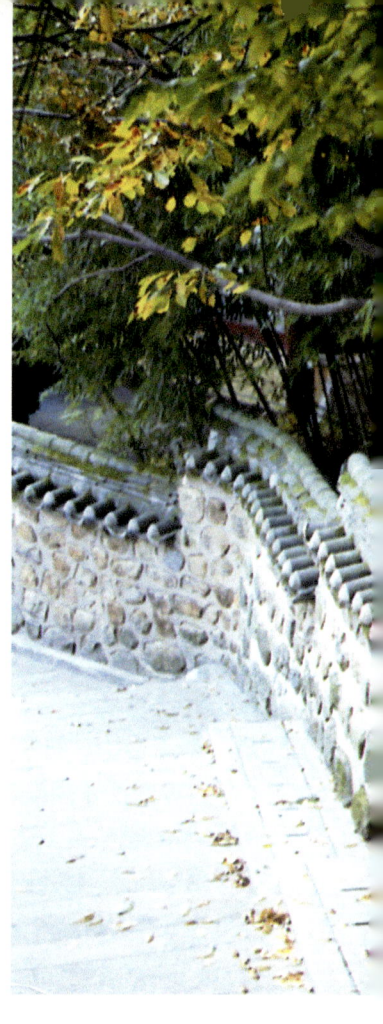

금정산과 범어사의 노거수(왼쪽 위)
금정산과 전각의 추녀(왼쪽 가운데)
내려다본 불이문(왼쪽 아래)
사찰 진입로의 대나무숲(위)

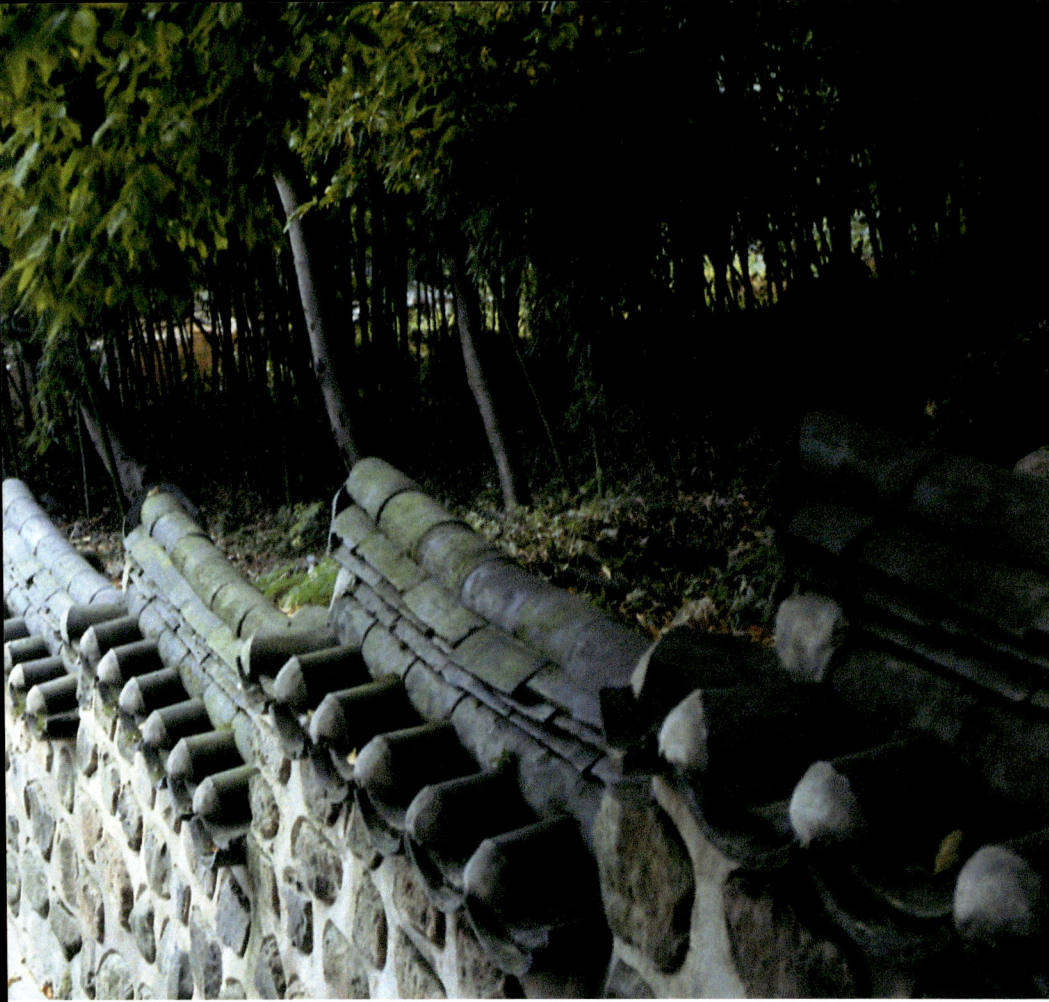

며, 이는 또한 봉건 체제하에서 벗어나려는 불교계 당면 과제이기도
하였다.

따라서 종래에는 근대 불교 운동의 기반을 불교 외적인 것에서 구하
려는 시각이 주를 이루었으나 그보다는 불교 내부의 노력을 중시하는
방향에서 고려해야 할 것으로 보인다. 이는 다음에 살펴볼 근대 불교 운
동을 가능하게 했던 경제적 배경을 해명하는 작업과도 시각상 그 맥을
같이하는 것이다.

범어사의 경제적 배경

조선 후기에 이르러 사원 경제는 극도로 고갈되었다. 좁게는 사찰이 관아나 이서(吏胥)들의 가렴주구 대상이 되었기 때문이다. 더욱이 18·19세기에 이르면 봉건 정부 측이 사원에 대해 철저하면서도 교묘한 정책을 전개한 탓에 그 궁핍의 도가 더욱 심화되고 있었다. 봉건 정부의 사원에 대한 정책은 대체로 다음의 두 가지 방향에서 시도되었다고 할 수 있다.

첫째, 농민층에게 부과하던 가중한 요역 부분이 농민층의 성장으로 더 이상 효과를 거둘 수 없을 정도로 피폐해지자 봉건 정부는 이 부분을 메꾸어 가는 방도를 임진, 병자의 양난 이후 편성된 승군(僧軍) 체제를 이용하여 충당하려 하였다.

둘째, 승려층 내부를 공명첩이나 승직첩 등을 통해 신분적으로 2중, 3중으로 분해시킨다든가 각 사원에 부과하던 공부(貢賦)를 탕감받기 위해 서로 경쟁하도록 함으로써 서로를 분열시키는 방향으로 시책을 전개하였다. 이로써 봉건 질서 해체기에 승려들이 조직적이고 단합된 역량을 구축할 수 없도록 만들었다고 할 수 있다.

특히 당시에 부역 승군이 징발된 요역의 사정을 알려 주는 자료로는 동래부 축성역의 실태를 기록해 놓은 『동래부 축성 등록(東萊府築城謄錄)』이 있다. 이에 따르면 영조 7년(1731)의 동래부 축성역에 경상도 65개 읍에서 징발된 승군의 수는 모두 7,901명에 달했다. 그 가운데 동래부의 승군은 두 차례에 걸쳐 980명이 징발되었고 부역 일수도 1차 34일, 2차 55일에 달했다. 그 밖에 경상도 전역에서 징발된 부역 승군은 최하 8일에서 최고 55일에 걸쳐 축성역에 동원되었다. 이를 연인원으로 계산하면 18만 1,482명에 달하는데, 이는 부역에 동원된 전체 노동력의 43.5퍼센트에 해당하는 것이다. 당시에 동원된 노동력의 절대적인 비율만을 기준으로 삼더라도 승군의 부담은 거의 전체의 반에 가깝지만 상대

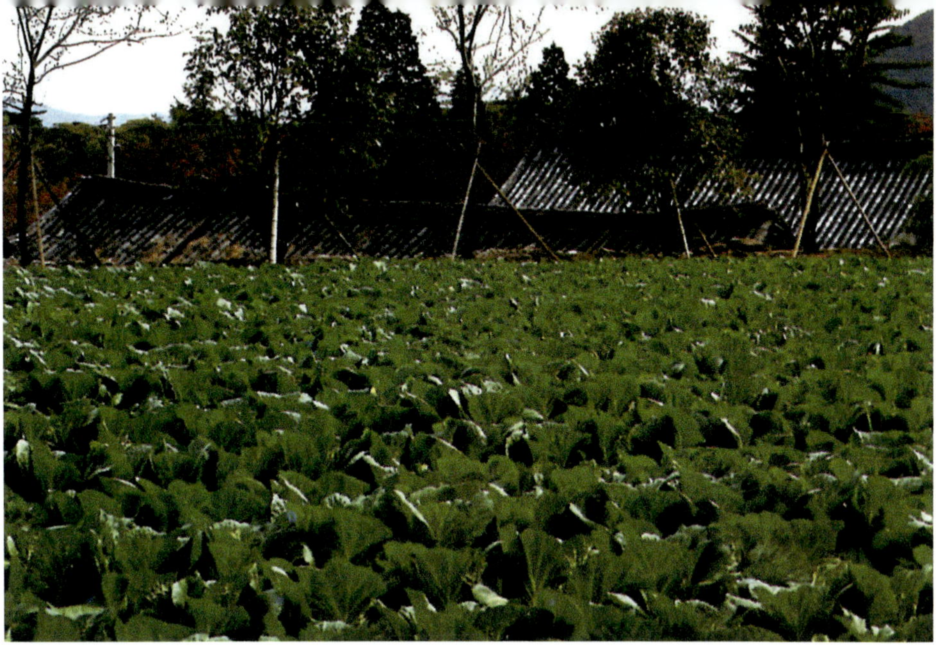

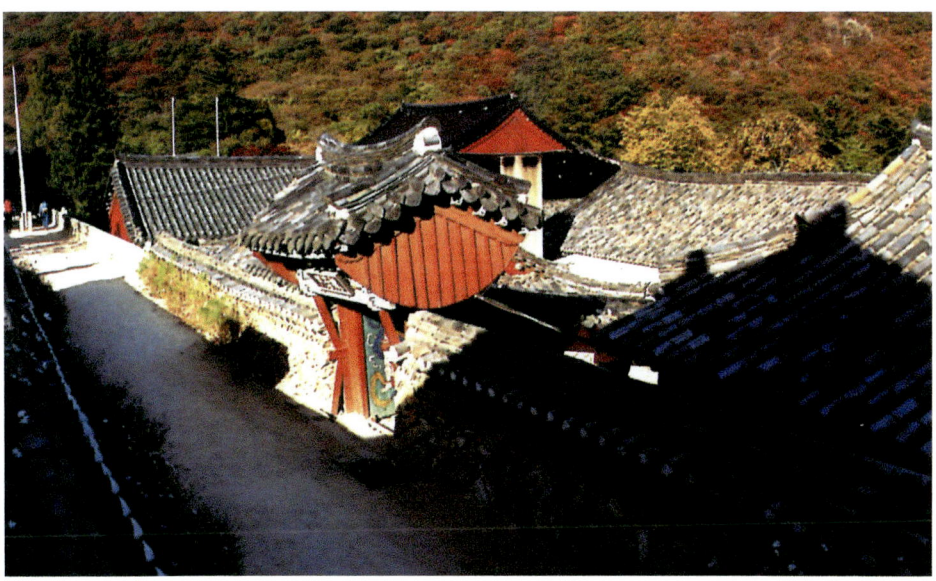

　봉건 체제하에서 최악의 상태로 열악해진 사원의 부흥을 위한 승려들의 노력은 1900년대 초의 선풍(禪風) 진작 분위기와 연결된다.

적으로 노동력을 제공할 수 있는 일반 민과 승군의 수적인 비율을 감안한다면 승군에게 가해진 부역은 대단히 가혹한 것이었다고 할 수 있다. 이러한 축성역의 사정은 일반 민들이 2일간 동원된 것에 비해 승군은 대개 17일 이상 부역했다는 점에서도 충분히 짐작할 수 있다.

봉건 정부 측은 승군을 요역에 차역하는 것과 함께 산성(山城)에 집단적으로 거주하는 형태의 승작대(僧作隊)를 두어 승역(僧役)을 부과하였다. 동래 금정산성의 승군작대(僧軍作隊)는 숙종 39년(1713)에 설치되었는데, 당시 판결사 이정신(李正臣)은 성내의 해월사(海月寺)와 국청사(國淸寺)의 승도 100여 명뿐만 아니라 범어사 승도 약 300명, 3읍 각사(各寺)의 승도 수천 명을 모두 합쳐서 '작대성안(作隊成案)'할 것을 요청하였으나 316명만으로 작대하였다. 그런데 그 뒤 고종 4년(1867)의 『동래부사례(東萊府事例)』에는 승작대의 규모가 101명으로 줄어든 것으로 나타나 있다. 이는 승역이 부역 노동의 한 형태로 자리를 잡았지만 19세기 이후에는 각 도 사찰의 피폐상, 승려 인구의 감소 등의 사정으로 말미암아 동요하고 있었음을 반영하는 것이다.

당시 불교계가 이러한 어려운 상황을 본질적으로 인식하고 이를 극복하려는 대안을 가지고 있었다고는 할 수 없다. 물론 당시의 승려들은 개별 분산적으로 탁발(托鉢), 전지(田地)의 개간 등을 통해 수입을 얻는 것에만 만족하지 않고 심지어 누룩 만들기, 방아찧기, 품팔이까지도 주저하지 않을 정도로 적극적인 면모를 보이기도 하였다. 그러나 이러한 승려들의 개별적인 소량의 수입으로 사원을 운영하는 데는 어려움이 많았을 뿐만 아니라 본질적인 문제 해결은 더욱 요원하였다.

이러한 분위기 속에서 일부 사원들은 적극적으로 사원 경제를 복구하기 위해 조직적인 노력을 시도하였다. 특히 사원을 중심으로 성행한 계(契) 조직은 주목하지 않을 수 없다. 당시 사원을 중심으로 조직된 계는 사중(寺中)에 재산과 재화 등을 헌납하여 어려운 사원 경제를 타개하는 것을 일차적인 과제로 삼고 있었다.

범어사의 경우 1811년부터 1930년 사이에 이러한 분위기에서 사찰 재산(寺利財産)을 극대화할 수 있었다. 당시 사원에서 조직한 계 가운데 갑계(甲契)가 사원 경제에 가장 많이 기여했다. 범어사 역시 갑계 활동이 가장 활발한 편이었는데 이를 통해 전답과 조전(租錢) 등을 헌납하였다. 이러한 갑계는 승려들의 토지 소유가 부분적으로 인정되었던 17세기 후반부터 특히 유행하였다. 사원의 갑계는 대략 16세기 말에서 17세기 초의 초기 단계에는 계원 상호 간의 친목을 위주로 하였으나 18세기 후반에는 차츰 사원 보수를 위주로 하는 분위기로 바뀌었다가 19세기 후반부터는 전답과 금전 등을 사찰에 희사하는 방향으로 진전되고 있었다. 이는 승려들의 경제적 기반이 이전에 비해 상대적으로 개선되고 있었다는 것을 단적으로 말해 주는 것이며, 동시에 승려 내부에서 불교 현실에 대한 자각이 서서히 싹트고 있었음을 의미하는 것이다.

갑계를 통해 범어사의 재산 상태를 살펴보면 1871년 당시 사중전(寺中田) 1,300마지기에 각방전(各房田)을 합하여 도합 2,000마지기로 500석 정도를 추수한 것으로 되어 있다. 그러다가 1930년에 이르러서는 추수가 5,000석으로 증가되었다. 50 내지 60년 동안 증가된 4,500석 가운데 3분의 2인 3,000석은 갑계에 의할 정도로 갑계의 비중이 대단히 컸던 것이다.

한편 1910년대 전후에 범어사가 경제 기반을 확충한 계기를 마련하게 되기까지는 당시 범어사 주지였던 오성월의 활약이 두드러졌다. 특히 1913년경에 오성월은 각 암자와 방(房)마다 별도로 소유하고 있었던 토지를 범어사 단독 명의로 통합하여 공동 경영을 주도하였다. 이러한 조처는 범어사 재산의 관리를 통합함으로써 얻어지는 다음의 두 가지 측면을 고려한 것으로 추측된다. 하나는 소규모 재원으로써는 엄두를 내지 못하는 기획 사업, 가령 포교당 설치라든가 학교 사업 같은 것을 시도

할 수 있는 이점을 고려한 듯하다. 또 하나는 사찰 재산의 유출을 최대한 막기 위한 의도가 숨어 있었다고 할 수 있다. 당시 일부 사찰에서 나타난 예이기는 하지만 사중(寺中)의 전체 의견을 무시하고 함부로 사찰 재산을 처분하는 악승(惡僧)들의 폐단이 있었던 것이 사실이기 때문이다.

그러나 범어사의 경제력은 오성월 이후 별로 증가되지 못했다. 그 이유는 계가 점차 해산되기도 했지만 무엇보다도 범어사가 근대 불교를 지향하는 과정에서 부담해야 할 경비의 증가 추세와 밀접한 관련이 있었다. 예컨대 매년 20여 명씩 보내는 유학생의 학비, 포교당비, 학림비 등으로 나가는 비용이 당시 범어사의 경제력으로는 상당히 큰 부담이 되었던 것이다.

봉건 체제하에서 최악의 상태로 열악해진 사원을 부흥시키려고 한 승려들의 노력은 1900년대 초의 선풍(禪風)을 진작하려는 분위기와 연결된다. 이는 또한 1910년대 임제종 운동과 각종 학교와 포교소 설치를 가능케 했고, 나아가 1920년대 불교 혁신 운동의 밑거름이 되었다. 이와 같은 범어사의 자구책은 19세기 중반 이후 사회 전반의 변화에 발맞춘 것이며 근대 불교를 지향한 노력이었다고 할 수 있다.

범어사와 근대 불교

근대 사회를 지향하는 당시의 사회적 분위기에 의해 불교계도 특히 교육 부문에 많은 관심을 가지기 시작하였다. 범어사는 명정학교(明正學校)를 설립하여 주로 무산 자녀들을 대상으로 하여 운영하였다. 이는 이보담, 홍월초 등이 선진 교육 제도 도입에 그게 자극을 받아 1906년에 만든 명진학교(明進學校)의 지방 기초학교였다. 범어사는 이어 1917년에는 지방 학림을 설립하기에 이르렀으며, 1922년에 통도사·송광사·석왕사 등 3개 사찰과 연합하여 서울의 보성고등보통학교를 인수하고 경영을 시도할 정도로 교육 사업에 깊은 관심을 보였다.

한편 범어사는 많은 포교소(당)를 설치하였는데, 이러한 포교소는 종교적인 기능뿐만 아니라 교육 계몽적인 기능까지 수반하고 있었다. 대표적인 예로 동래에 설치한 포교당이 1921년부터 경영한 '싯달 야학교'를 들 수 있다. 이러한 야학 운영은 동래 지역의 무산층 아동 교육에 많은 공헌을 하였다. 범어사에서 설치한 포교소는 부산·경남 일원에만 한정되지 않고 서울과 대구 등지로까지 확산되었다. 서울의 인사동 범어사 포교당은 1921년에 선학원을 결성할 때 이용한 곳으로, 그 명칭 자체를 '선학원'으로 바꾸었다가 선학원을 안국동으로 이전한 뒤인 1926년 6월에 다시 '범어사 포교당'으로 그 명칭을 바꾸기도 하였다. 이와 같이 범어사가 서울에까지 포교소를 설치한 것은 당시 범어사의 경제력이 그만큼 컸음을 시사하는 것이며, 한편으로는 범어사가 중심이 된 선풍 진작 운동을 사상적인 기반으로 하는 임제종 운동이 당시 불교계에 확산되어 갔음을 말해 주는 것이다.

범어사가 1910년부터 1920년대에 근대 교육 운동에 많은 힘을 기울였던 사실에서 한 가지 짚고 넘어가야 할 점은 이러한 교육을 통해 배출된 청년 승려들과 빈한한 농민의 자제들이 당시 민족 운동의 일원으로 활약하였다는 사실이다. 이는 범어사가 3·1 운동 당시 동래 지역의 운동에 깊이 관여하여 지도적인 위치에 있었다는 사실에서도 알 수 있다.

일제 식민지 수탈의 극한 상황에서 폭발한 3·1 운동에는 불교계에서도 각 사찰을 중심으로 독립 만세 시위 운동을 전개하며 적극적으로 참가하였다. 이렇게 당시의 불교계가 3·1 운동에 적극적으로 참여하게 된 원인은 앞서 언급한 바와 같이 근대 불교를 지향하려는 분위기 속에서 찾을 수 있으며, 그 일련의 과정에서 배출된 청년 승려들의 역할이 주된 동력으로 작용했기 때문이라고 할 수 있다. 동래 지역은 3·1 운동이 전국으로 확산되어 가는 분위기에서 타지역에 비해 서울에 이어 비교적 빠른 시기에 만세 운동이 전개된 곳이다. 이는 앞서 살펴본 것처럼 범어사가 서울에 포교당을 세운다든가 불교 진흥 운동과 근대 교육 운동에 앞장서고 있었을 뿐만 아니라 범어사 승려들이 서울의 운동을 주도한 핵심부로 일부 참여하였다는 점에서 그 원인을 찾을 수 있다.

단적으로 말해서 동래 지역 운동의 주축은 범어사의 청년 승려들과 범어사가 설립한 학교의 교사 및 졸업생, 학생들이다. 물론 운동에 참여한 일반 민중들의 역할을 과소평가하는 것은 아니다. 단지 범어사가 운동에서 차지하는 비중이 상대적으로 컸다는 점을 말하고자 하는 것이다. 어떻든 이러한 범어사의 선진적인 만세 운동은 인근 경남 지역의 각 사찰에 많은 영향을 미쳤다.

범어사는 동래 지역의 3·1 운동뿐만 아니라 이후 동래 지역을 중심으로 전개된 여러 사회 운동에 깊은 관련을 맺고 있었다. 그것은 단순한 계몽 운동의 차원을 넘어서는, 곧 민족 모순을 극복하려는 운동까지도 포괄하는 것이었다.

한편 일제의 질곡기를 거치고 해방을 맞이한 뒤 범어사를 이끌어 갔던 분으로 동산(東山, 1890~1965) 스님을 들 수 있다. 동산 스님은 백용성(白龍城, 1864~1940) 스님을 은사로 하여 불문에 들었다. 용성 스님은 3·1운동 당시 한용운(韓龍雲, 1879~1944) 스님과 함께 불교계를 대표했던 인물로, 앞서 언급한 바와 같이 근대 불교를 지향하는 과정에서 경허 스님에 이어 선 사상을 크게 고양시켰을 뿐만 아니라 대각교(大覺敎) 운동을 펼쳤던 분이다. 동산 스님은 특히 1950년대의 소위 정화 운동을 주도하였는데, 이는 근대 불교를 지향하는 과정에서 구축한 범어사의 사상적인 맥락을 계승한 것이라고 할 수 있다. 당시의 정화 운동은 제1공화국 위정자들의 정치적인 의도가 게재된 점도 없지 않았지만 불교계가 안고 있던 당면 과제를 실천적으로 주도했다는 점에서 그 의의가 크다고 하겠다.

가람 배치

　범어사의 옛모습을 알게 해주는 기록은 흔치 않다. 『삼국유사』에 "문무왕 18년(678)에 의상 대사가 화엄 십찰 가운데 하나로 범어사를 창건했다."고 전할 뿐 다른 상황에 대해서는 전혀 확인할 길이 없다.

　범어사의 가람은 오랜 시간이 경과한 뒤에야 비로소 정비되었을 것이다. 숙종 26년(1700)에 기록된 『범어사 사적기(梵魚寺事蹟記)』의 내용대로 흥덕왕 10년(835)에 와서야 가람의 대체적인 면모가 갖추어졌을 것으로 추측된다. 이 기록에 의하면 2층전(殿)인 미륵전(彌勒殿)과 세 칸의 비로전(毘盧殿), 세 칸의 대장전(大藏殿), 천왕신전(天王神殿), 세 칸의 강전(講殿), 남협당(南俠堂) 및 좌우 향화방(左右香火房) 다섯 칸, 지시계명방(知時鷄鳴房) 다섯 칸 등이 건립되었으며 이 밖에도 유성전(流星殿), 식당(食堂), 대당(大堂), 삼당(三堂), 이협당(二俠堂), 목욕원(沐浴院), 행랑(行廊) 등의 중료(衆寮) 360방(房)이 건립되었다고 하니 당시 범어사의 가람 규모를 충분히 짐작할 수 있겠다.

　범어사는 창사(創寺) 이후 조선시대까지 많은 변화를 겪으면서 오늘날까지 대가람의 면모를 유지해 온 것으로 여겨진다. 임진왜란으로 엄청난 피해를 입었다가 10년이 지난 뒤에 일단 재건을 보았지만 불의의 화재로 다시 피폐되었다고 한다.

사찰 진입로에 있는 바위의 각서
(오른쪽 위)
사찰 입구의 등나무(오른쪽 아래)
새벽의 일주문 전경(아래)

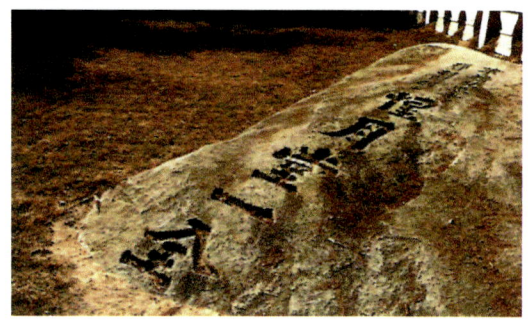

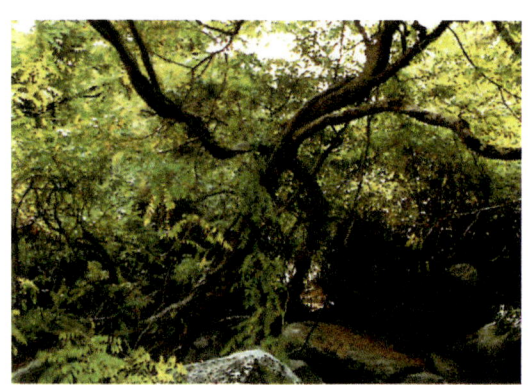

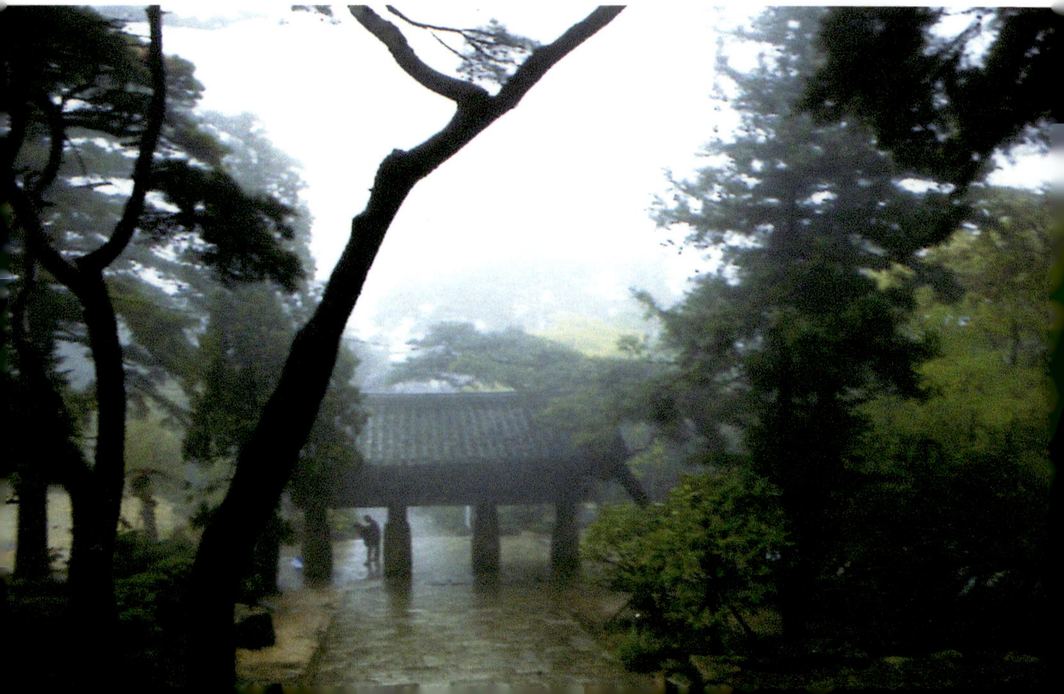

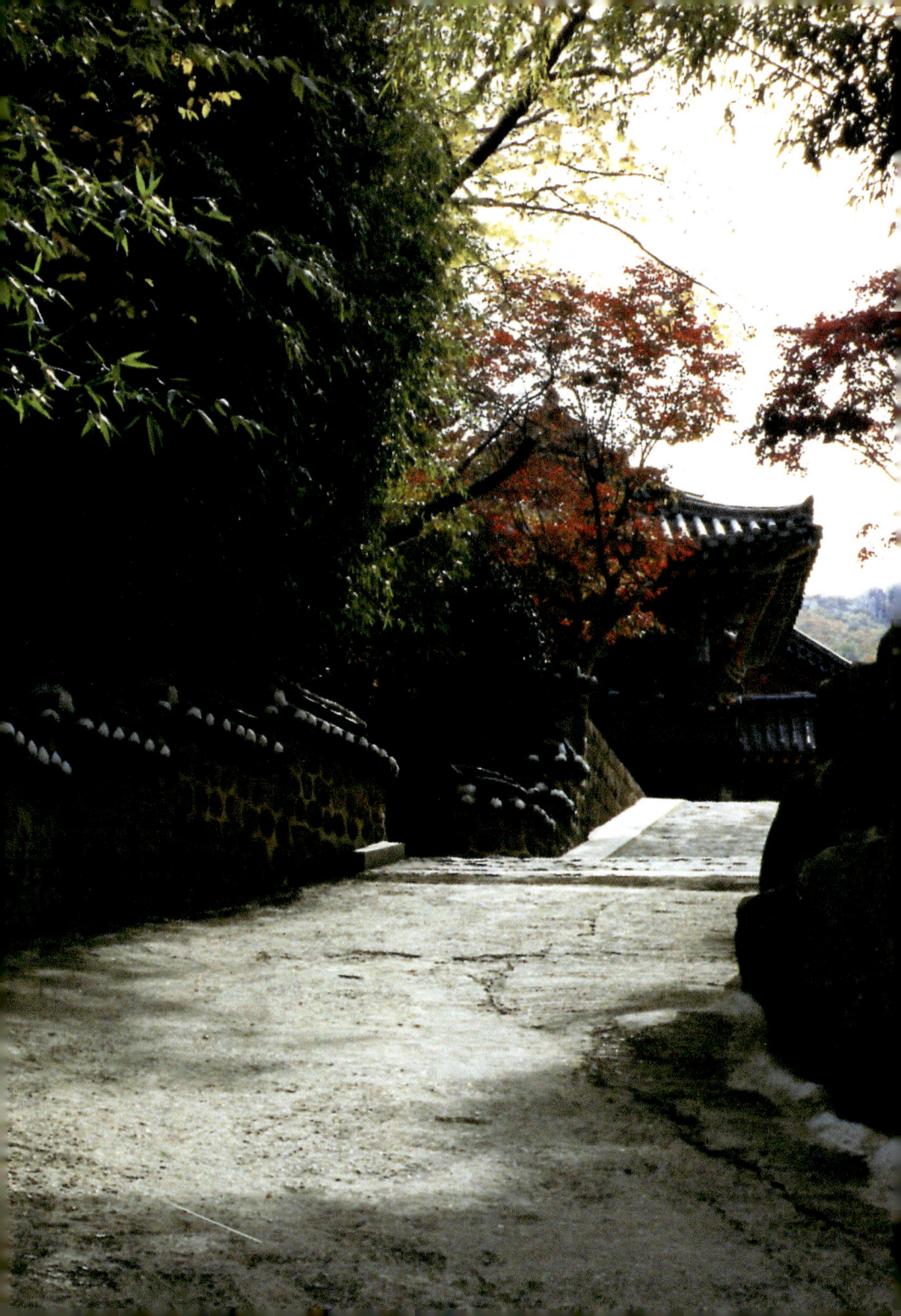

다. 당간은 사역의 시작임을 알림과 동시에 범어사의 사격(寺格)을 말해 주는 것이기도 하다.

곧바로 난 길을 따라 위를 쳐다보면 시선은 일주문에서 멎는다. 독특한 일주문 기둥 사이로 뒤편의 천왕문이 언뜻 내비치면서 멀리까지 상승하는 연도(羨道)의 투시적 효과는 점증한다. 일주문에서 천왕문까지, 천왕문에서 불이문까지 그리고 불이문에서 보제루까지의 연도 좌우에는 건물들을 거의 앉히지 않았다. 이러한 공간적 패턴을 반복하여 세속으로부터 멀리 떨어져 있음을 강조하면서 공간적 히에로파니를 한층 증대시키는 것이다.

어느 문루는 십여 단의 석계를 오르고, 다시 오르는 연도의 경사는 급함을 더한다. 속진의 체가름이 반복, 강화되면서 마침내 보제루 앞 30단의 석계에서는 그 위로 화장 세계가 가까웠음을 예감하게 하였다. 멀리 계류 상의 어산교로부터 이곳까지의 시선을 줄곧 한 방향으로만 향하게 하여 투시적 효과를 극대화시키는 노단경(路端景)을 연출하였다. 그래서 하단 구역은 성스러운 화장 세계를 예비하는 통과 의례의 공간이 되었다.

보제루와 심검당(尋劍堂), 미륵전(彌勒殿) 등으로 둘러싸인 중정(中庭) 일곽은 지나온 하단 구역에서의 체험으로 인하여 한층 상승된 히에로파니를 갖는다. 급준한 경사 대지를 다시 분절하여 이곳 들머리에 보제루를 세웠다. 문루 아래의 누하주(樓下柱)로 진입시키지 않고 건물 좌우로 우회시킴으로써 중정의 내밀(內密)함을 더하고자 했던 것이다.

그 중정 좌우를 좌선당(左禪堂), 우승당(右僧堂)의 심검당과 미륵전, 비로전(毘盧殿)으로 둘러싸고 3층석탑과 당간지주, 석등을 세웠다. 연도를 따라 오른 이곳은 화장 세계의 주인인 대웅석존(大雄釋尊)의 존엄을 올려다보면서 승속(僧俗)이 어우러지는 대승적 공간이다. 법회(法會)와 불재(佛齋), 참례(參禮)와 구도 같은 일상적인 불사(佛事)의 중심이 된다. 각종 승방 요사를 중정 좌우의 멀리까지 펼쳐 놓았다. 그래서 중단 구역은 중근기(中根氣) 신참 납자(新參衲者)들의 강학과 수행을 위한 공간이 된다.

중정에서 다시 고준(高峻)한 3구의 20단 석계를 오르면 상단 구역에 이른다. 비로소 세계의 중심이자 화장 세계의 주인 석가모니불을 모신 대웅전에 이른다. 대웅전은 뒤쪽의 급준한 산록을 배경 삼아 어산교로부터 가장 멀리 그리고 가장 높이 위치한 가람의 중심이다. 당연히 공간적 히에로파니는 여기서 극대화된다.

계류를 건너 일주문을 지나고 여러 문루를 거치면서 도열한 모든 당우는 대웅전에 부복하여 이를 앙모한다. 모든 것은 대웅전을 중심으로 삼을 때 비로소 의미를 지닌다. 대웅전 좌우의 관음전과 일로향각(一爐香閣), 지장전(地藏殿), 팔상(捌相), 독성(獨聖), 나한전(羅漢殿), 산신각(山神閣) 들은 대웅전을 협시하는 당우들이다.

상단 구역은 대웅전 좌우로 긴 형상의 대지를 확보하였다. 이러한 불전들을 중앙에 두고, 외곽으로는 일반 선원인 금어선원(金魚禪院)과 특별 선원인 휴휴정사(休休精舍)를 새로 두었다. 중단 구역의 승료(僧寮)들과는 달리 이곳은 상근기(上根氣) 구참 납자(舊參衲者)들의 수선(修禪) 공간이다. 선교 회통(禪教會通)과 사교 입선(捨教入禪)의 원리에 따라 상단과 중단을 이와 같이 달리 구성했다는 점에서도 범어사 가람의 자연 조건은 적절하기 이를 데 없다.

가람은 엄정하다 할 만큼 동서향을 주축으로 삼아서 사역 입구로부터 대웅전에 이르는 히에로파니의 상승감을 연출하였다. 다시 남북향으로 부축을 삼고 종축을 3단으로 분절하여 상·중·하단의 공간적 위계(位階)를 가지게 하였다.

하단에서의 완만한 경사가 중단과 상단에 이를수록 한층 고준해지면서 이러한 공간적 위계는 강화되고, 3단의 공간은 각기 그 위계에 걸맞은 기능들을 수용한다. 하단은 속진을 걸러내는 체가름의 역할과 하근기의 교육을 위한 공간으로, 중단은 법회와 불재·신참 납자를 위한 강학

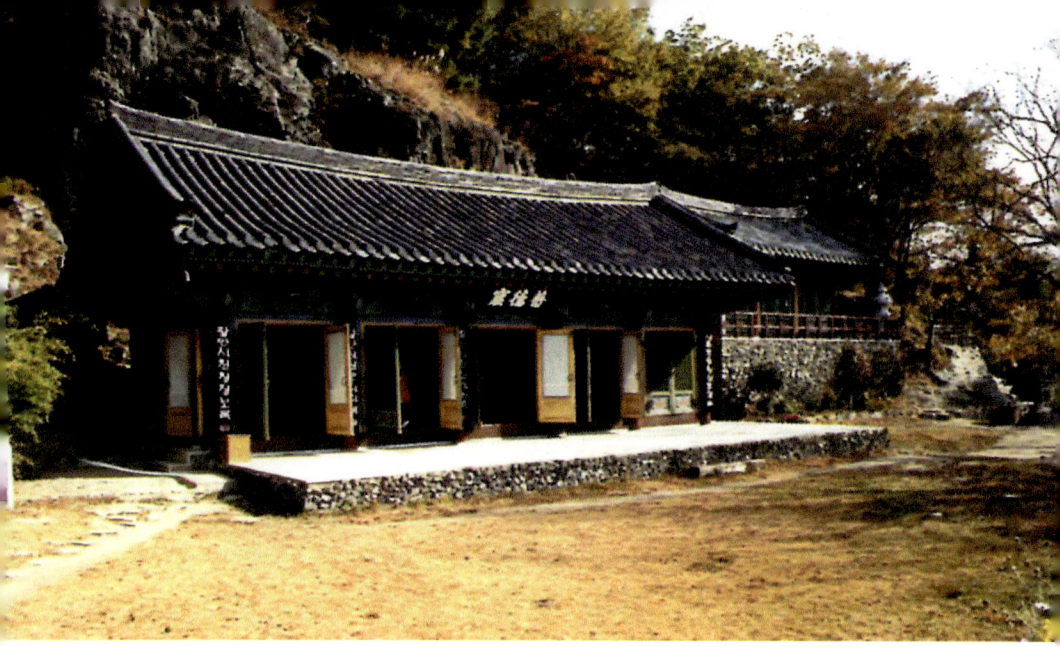

범어사의 암자 중 하나인 계명암의 보덕굴 전경

과 수행을 위한 공간으로 제공된다. 그리고 상단은 화장 세계의 중심으로서 또한 가람의 중심으로서 히에로파니가 극대화되는 참례의 공간이자 구참 납자의 수선(修禪)을 위한 공간으로 제공된다.

이와 같이 범어사는 자연 조건을 적절히 이용하여 불교의 원리를 공간적으로 구현한 전형적인 산지 가람이라 할 수 있다. 이러한 가람 배치는 단기간에 이룩된 것은 아니다. 오랜 세월 동안 흥망을 거듭하는 가운데서도 사찰 대중의 자구적인 노력이 없었다면 불가능했을 것이다. 특히 조선시대의 극심한 억불 정책 아래서 수행에 정진하는 한편, 피폐한 사찰 살림을 도맡아서 당우(堂宇)를 수보(修補)하던 스님들의 노력이 범어사를 오늘의 대도량으로 유존될 수 있게 했던 것이다.

한편 범어사에는 청련암(靑蓮庵), 내원암(內院庵), 계명암(鷄鳴庵), 대성암(大聖庵), 금강암(金剛庵), 안양암(安養庵), 미륵암(彌勒庵), 원효암(元曉庵), 사자암(獅子庵), 지장암(地藏庵) 등 11개의 산내 암자가 있다. 대부분이 최근에 중건 또는 중수된 것이므로 그에 대한 설명은 생략하기로 한다.

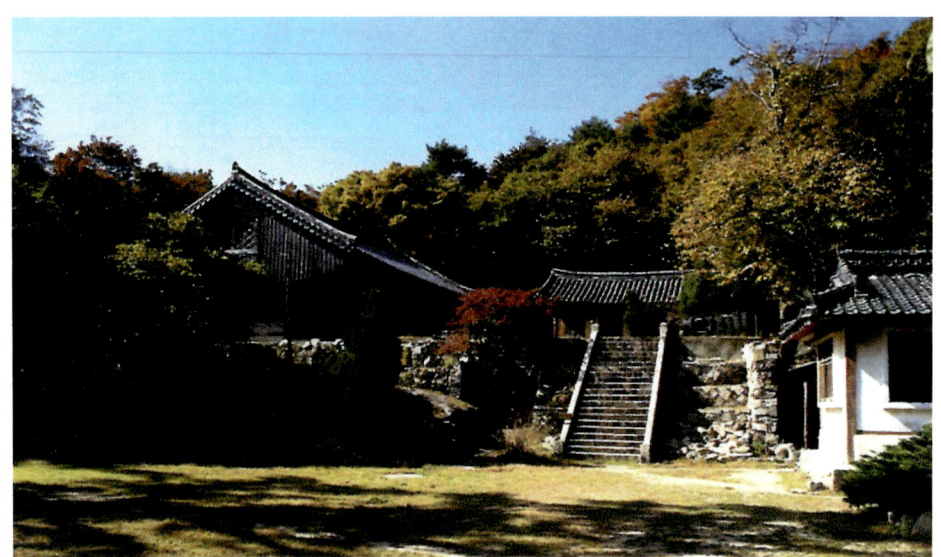

원효암 전경

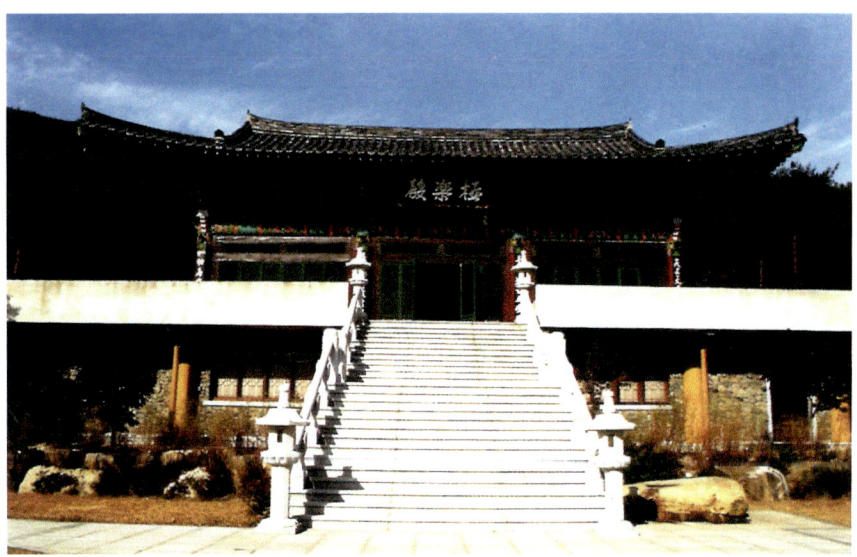

지장암 전경

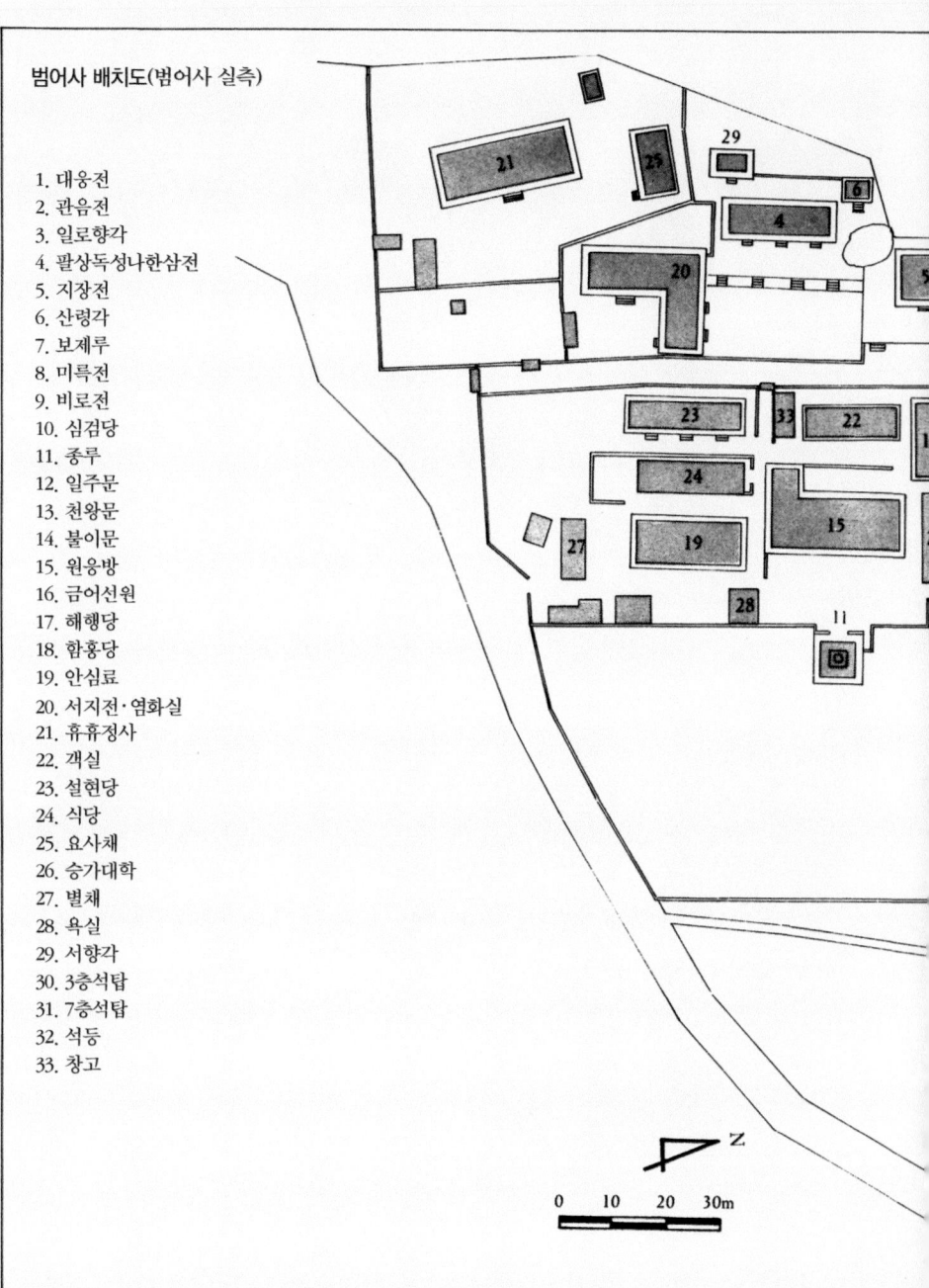

범어사 배치도(범어사 실측)

1. 대웅전
2. 관음전
3. 일로향각
4. 팔상독성나한삼전
5. 지장전
6. 산령각
7. 보제루
8. 미륵전
9. 비로전
10. 심검당
11. 종루
12. 일주문
13. 천왕문
14. 불이문
15. 원응방
16. 금어선원
17. 해행당
18. 함홍당
19. 안심료
20. 서지전·염화실
21. 휴휴정사
22. 객실
23. 설현당
24. 식당
25. 요사채
26. 승가대학
27. 별채
28. 욕실
29. 서향각
30. 3층석탑
31. 7층석탑
32. 석등
33. 창고

0   10   20   30m

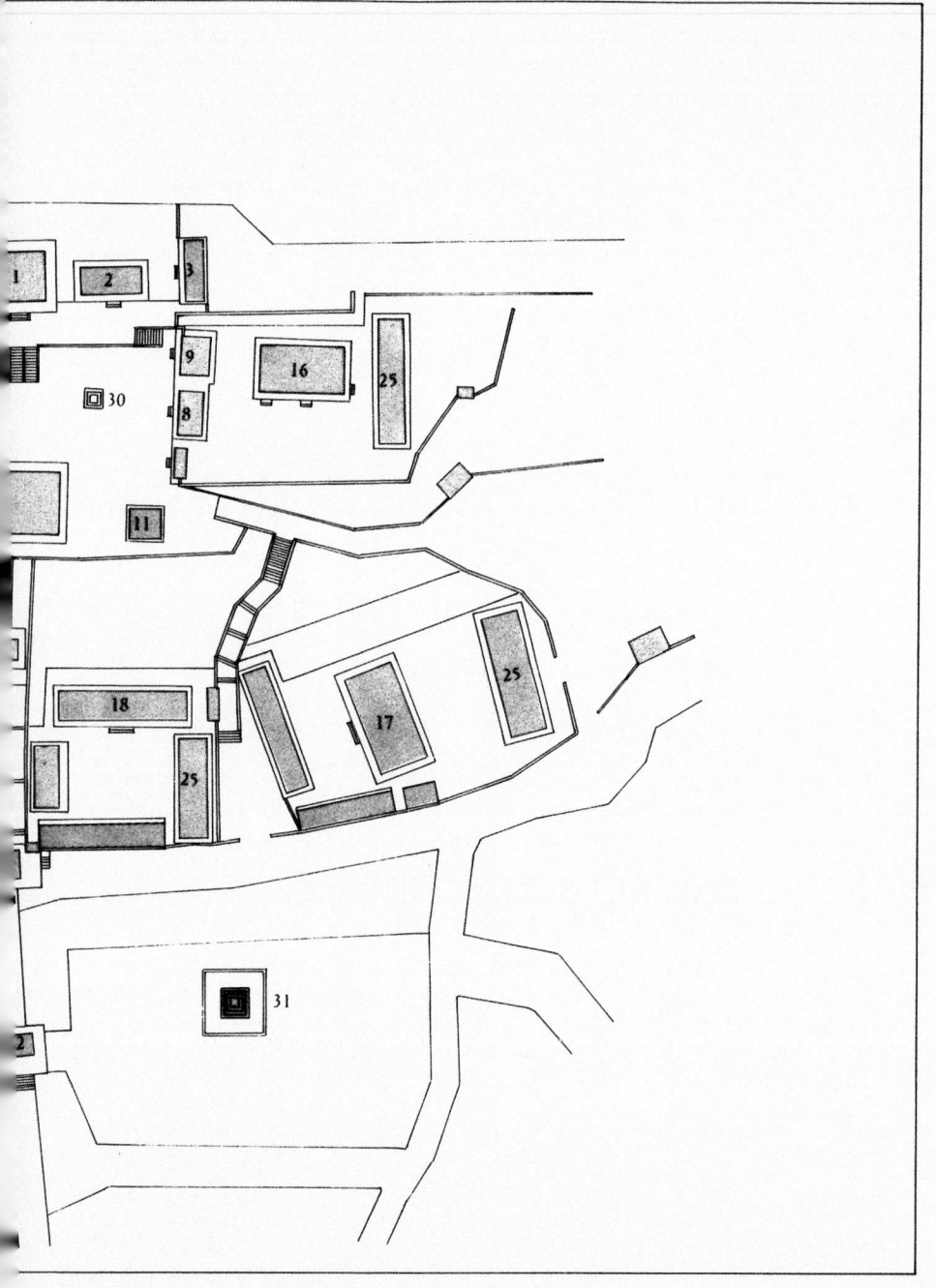

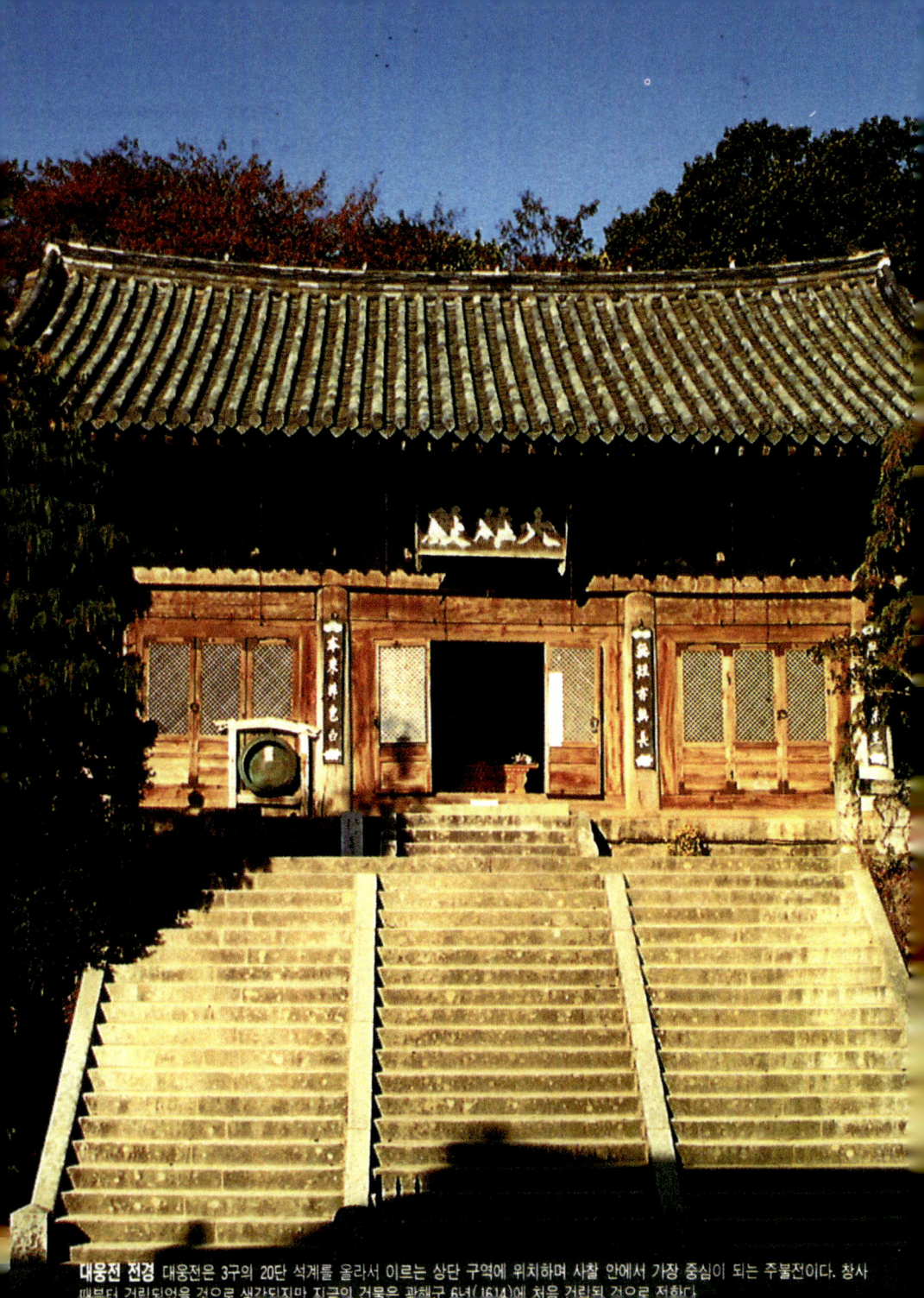

대웅전 전경 대웅전은 3구의 20단 석계를 올라서 이르는 상단 구역에 위치하며 사찰 안에서 가장 중심이 되는 주불전이다. 창사
때부터 거립되었을 것으로 생각되지만 지금의 건물은 광해군 6년(1614)에 처음 거립된 것으로 전한다.

상단의 건물

대웅전(大雄殿)

대웅전은 3구의 20단 석계를 올라서 이르는 상단 구역에 위치하며 사찰 안에서 가장 중심인 주불전이다. 창사 때부터 건립되었을 것으로 생각되지만 지금의 건물은 광해군 6년(1614)에 처음 건립된 것으로 전한다. 임진왜란 때 소실된 것을 묘전 화상이 현감(玄鑑), 해민(海敏) 스님들과 함께 중창했던 것이다. 그 뒤 숙종 39년(1713)에 홍보(興寶) 스님이 주관하여 중건, 단청하였는데 이때 도대목(都大木)은 조헌(祖軒)·지총(知摠)·치백(緇白) 스님이었으며, 화원(畵員)은 영백(永白)·치감(致鑑)·사인(思印)·건운(建雲)·명준(明俊) 스님이었다. 숙종 46년(1720)에는 대준(大俊)·우화(祐和)·처환(處還)·처운(處云) 스님들이 편수(片手)가 되어 석계(石階)를 수리하고 불상을 개금(改金)하였으며, 그 뒤 1814년에 개와(改瓦), 1871년에 단청하였다는 기록이 있다. 이렇듯 당우의 조영은 전적으로 사찰의 승인 공장(僧人工匠)들의 손에 의해서 이루어졌다.

이러한 기록에서 볼 수 있듯이 지금의 건물은 1614년에 중창한 것이라기보다는 오히려 1713년으로 보는 것이 타당할 것 같다. 그러나 전체적으로는 오히려 조선 중기 이전의 양식을 지니고 있어서 1614년에 건립된 형상을 그대로 두고 그 뒤로는 수리하는 데 그쳤을 것으로 생각된다. 이러한 오래전의 건립 연대나 규모, 건축 수법의 정교함은 통도사(通度寺) 대웅전과 함께 이 지역에서 흔히 찾아보기 어려운 예다. 특히 조선 중기 이래의 간박하고 힘찬 다포식(多包式) 가구의 양식적 특성과 뛰어난 건축 기술을 보여 주고 있어서 목조 건축의 양식 발전을 구하는 데 크게 주목되는 예다. 건물의 세부를 살펴보면 다음과 같다.

정면, 측면 세 칸씩의 평면에 다포식(多包式) 공포를 짜고 맞배지붕을 올린 점은 큰 규모의 불전 건물로서는 특이한 예다. 그래서인지 사찰 안

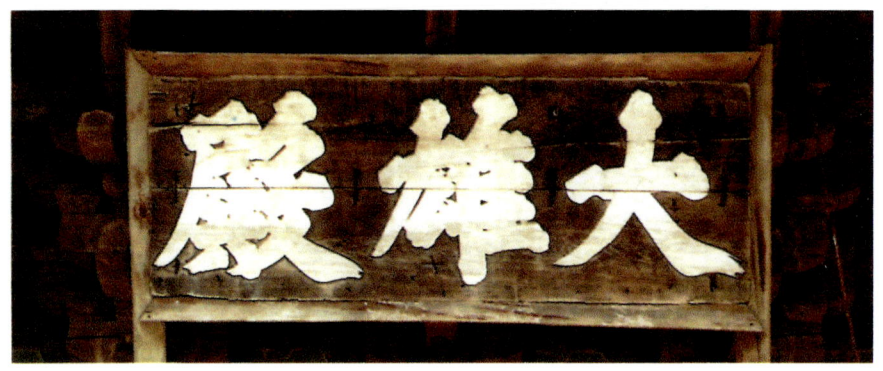

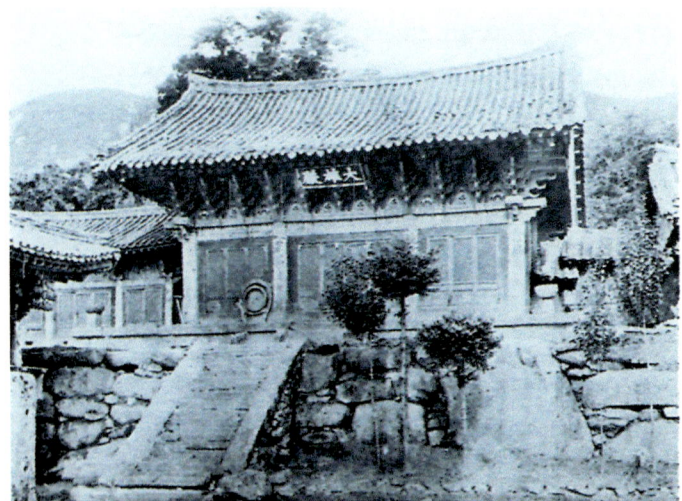

대웅전 현판(위)
구한말(1904년경)의 대웅전 상단 구역으로 오르는 석계는 3구인 지금과는 달리 1구다. 좌측에 관음전(觀音殿)과 우측에 금어선원(金魚禪院)의 일부가 보인다.(왼쪽, 조선총독부,『조선고적도보』, 권13에 수록)

에 있는 대부분의 불전들도 같은 형식의 맞배지붕을 올렸다. 겹처마의 부연(浮椽)은 유난히 길게 뻗었으며, 다포식이면서 맞배지붕인 까닭에 앞·뒷면에만 공포를 짜고 측면에는 주두(柱頭) 아래 창방(昌枋) 뺄목을 첨차(檐遮)로 만들어서 장혀(長舌)와 도리의 뺄목을 받게 하였다. 그런 까닭에 건축 가구가 그대로 노출되지만 뺄목들이 짧기 때문에 측면으로 풍판(風板)을 달았다.

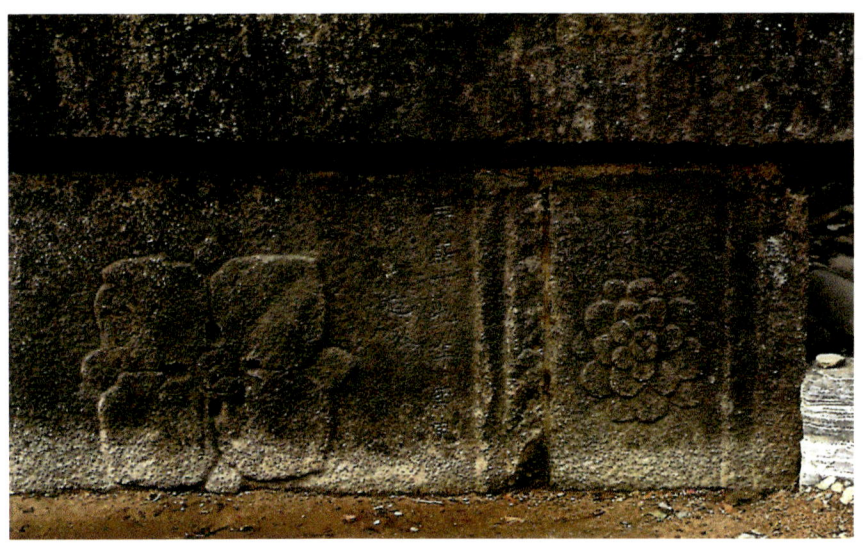

대웅전 기단 부분과 소맷돌   기단
과 석계는 초창기 때 축조된 그대
로인 듯하다. 기단 면석에는 동백
나무 잎을 부각하고, 소맷돌은 동
물의 형태를 하였다.

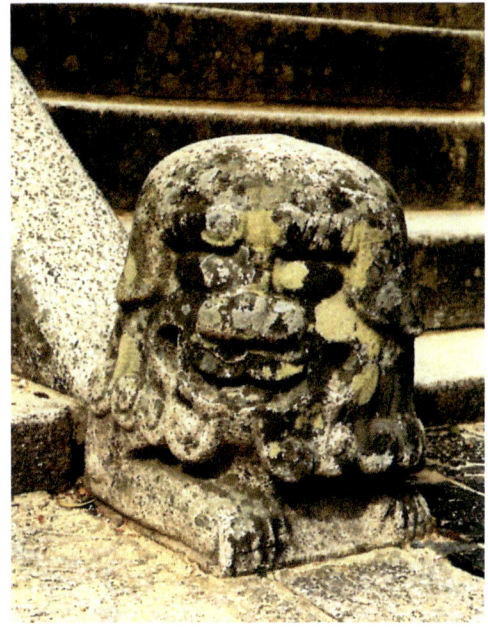

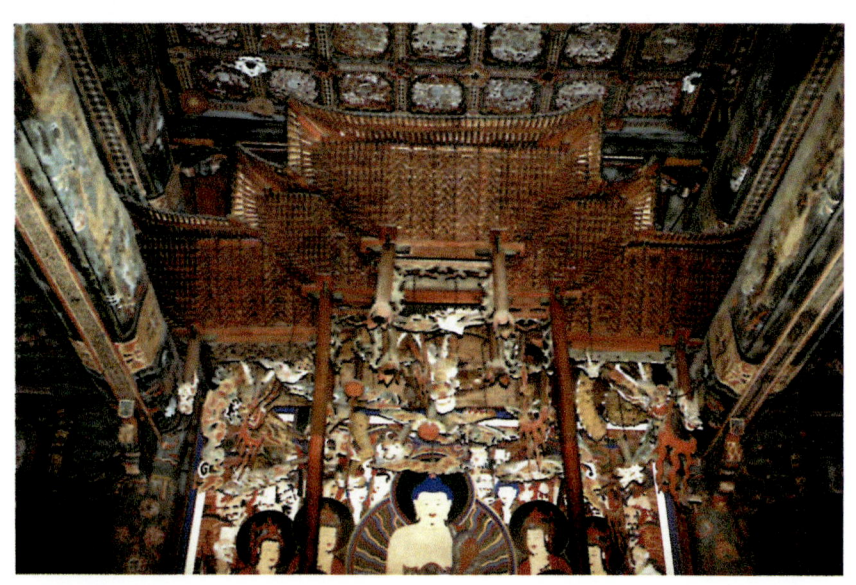

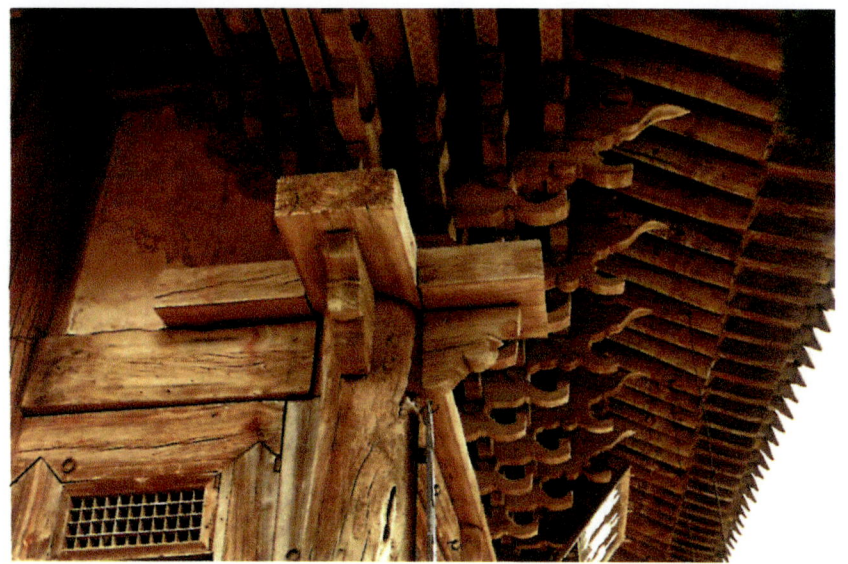

대웅전 내부의 목조 보개(맨 위)

대웅전 외부 가구 간박하면서도 힘찬 공포의 짜임새에서 조선 중기 이전의 건축 수
법을 느낄 수 있다.(위)

공포는 어칸에 3구, 좌우 협칸에는 2구의 보간포(補間包)를 놓고 내 3출목(出目), 외 4출목으로 짰다. 살미(山彌)는 제1첨차부터 제3첨차까지 쇠서(牛舌)로 만들고 그 끝을 크게 원형으로 반곡시켜서 뾰족하게 휘어지게 하여 턱을 치켜세웠지만 섬약하거나 화려하지 않고 오히려 당차고 간박(簡樸)하다. 그 위에 한대(限大)를 놓고 양두(樑頭)를 둥글게 파련초각(波蓮草刻)해서 장혀와 결구하여 외목도리를 받게 하였다. 주두와 소로(小櫨)는 경사지게 절단하고 행공(行工) 첨차는 아무런 치장이나 초각이 없이 직절(直截)하여 배 모서리만 약간 공글린 교두(翹頭)형으로 만들었다. 이와 같이 간박하면서도 힘찬 공포의 짜임새에서 조선 중기 이전의 건축 수법을 느낄 수 있다.

기단과 석계는 초창 때 축조된 그대로인 듯하다. 5단 석계의 이석(耳石)은 와형으로 공글러서 면석(面石)에 동백꽃을 초각하였다. 또한 기단 면석에도 동백나무 잎을 부각(浮刻)하고 탱주를 세워서 그 위에 장대석을 내밀기로 돌렸다. 큰 막돌 초석은 기둥 뿌리 부분을 원형으로 숙석(熟石)하여 두리기둥을 세웠으나 전면 좌우의 귀기둥은 고복석(鼓腹石)을 놓고 그 위에 기둥을 짧게 세웠다. 다른 건물의 석물과 달리 숙석 가공한 수법이 상당히 정교하면서도 고졸한 느낌을 준다.

창호는 전면을 모두 열어서 달았는데 어칸(御間)을 넓게 잡아서 아래에 판장을 댄 단정한 4분합 빗살문을, 좌우 협칸(夾間)에는 같은 형상의 3분합문을 달았다. 또한 좌우 측면에는 외여닫이문을 달고 배면 각 칸에는 쌍여닫이의 격자살문을 달았는데 후박한 문살이면서도 새김질이 정교하다.

내부의 목조 보개(寶蓋) 및 불단(佛壇)의 조각은 매우 섬세하여 조선시내 목조 공예의 진수를 느끼게 한다. 내 4출목이 차지한 외진(外陣)의 천장은 경사진 빗반자를 올리고 우물반자 틀의 종다리에는 연화문을 조각, 단청하여 장식하였다. 내진의 우물반자는 중도리 받침 장혀에 결구시켰는데 여기에도 보상화문(寶相花文)과 연화문(蓮花文)을 조각하여 달았다.

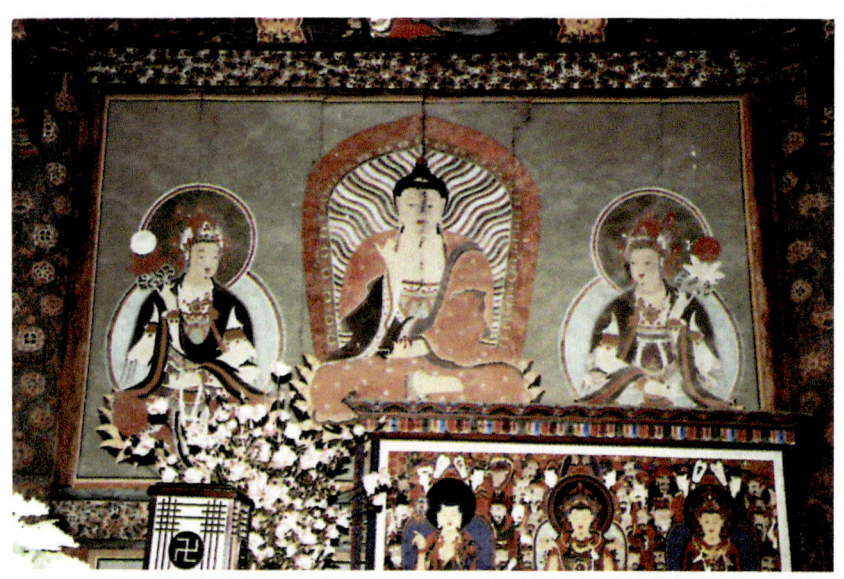

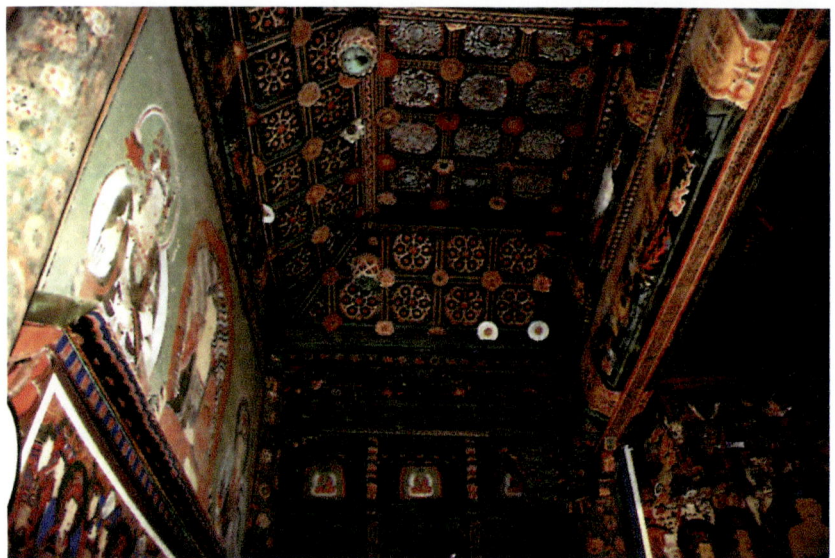

대웅전 내부의 **벽화와 천장** 조선 후기의 제작으로 알려진 벽면의 불화들도 매우 훌
륭한 작품이다. 또한 내 4출목이 차지한 외진의 천장은 경사진 빗반자를 올리고 우물
반자 틀의 종다리에는 연화문을 조각, 단청하여 장식하였다.(맨 위, 위)

불단에는 여러 가지 화문(花文)과 비천상(飛天像) 들을 화려하게 조각, 장식하였다. 그 위의 닫집은 아자형(亞字形) 평면에 다포식 지붕을 가구한 보개로서 운룡(雲龍), 서조(瑞鳥), 비천상 등을 조각하여 장식하였으며 정교한 축조 수법이 뛰어나다. 그 밖에도 조선 후기의 제작으로 알려진 벽면의 불화들도 매우 훌륭한 작품이다. 대웅전은 현재 보물 제434호로 지정되어 있는 중요한 건축 문화재이다.

관음전(觀音殿)

관음전은 불교의 자비 사상을 상징하는 관세음보살을 모신 법당이다. 원래 대웅전 바로 왼쪽에 있었으나 지금의 자리에 있던 옛 금어선원(金魚禪院)으로 옮겨서 대웅전 오른쪽에 자리하게 되었다. 본래 관세음보살은 자비의 상징이고 일체중생을 사랑으로 감싸주는 보살이므로 반대쪽의 지장전(地藏殿)과 함께 대웅전을 협시하는 식으로 세워진 것이다.

관음전의 초창 연대는 확인할 수 없으나 대웅전과 함께 광해군 5년(1613)에 묘전 화상이 중창하였으며, 1721년에 홍보 스님이 다시 중건했다고 한다. 주심포(柱心包)를 짜 올린 소규모 건물이면서도 장식과 조각이 과다할 정도이며, 전형적인 조선 후기의 말기적 양식을 보이는 것으로 보아 그렇게 오래전에 건립되지는 않았을 것이다. 그러므로 1613년의 건물이 아닌 것은 물론이고 1721년의 중건 뒤에 크게 개조된 것으로 판단된다.

평면은 정면 다섯 칸, 측면 세 칸의 규모에 도리통은 주칸(柱間)이 동일하며 전면은 모두 문얼굴을 열고 각 칸에 3분합의 빗살문을, 양 측면 첫째 간에 각기 외짝 빗살문을 달았다. 지붕은 겹처마에 맞배지붕을 얹고 측면으로 뺄목이 짧은 탓에 풍판을 달았으며, 내부에 관음상(觀音像)과 장경(藏經)을 봉안하였다.

주심에만 포작(包作)한 주심포식이지만 1출목을 짧게 내어서 행공 첨

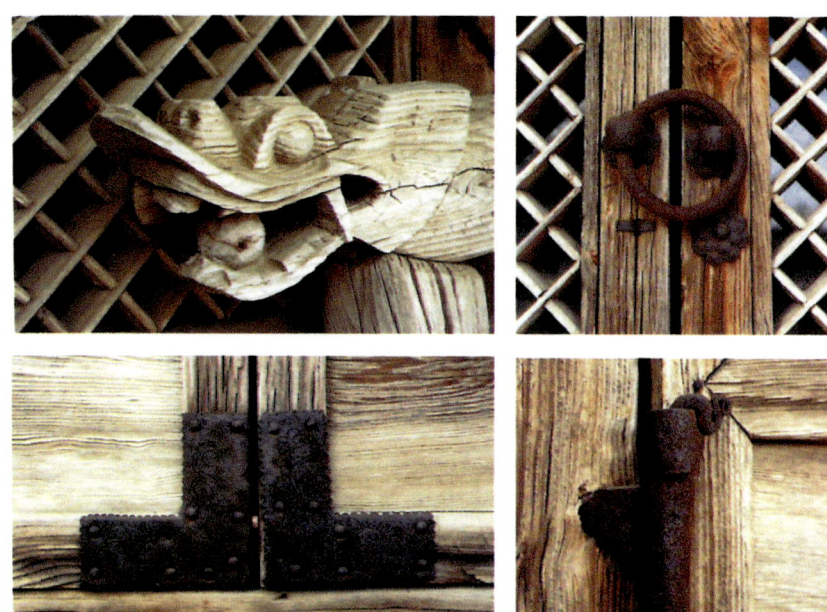

대웅전 문의 여러 장식

차를 걸고 그 위에 장혀와 보뺄목을 결구하여 외목도리를 받쳤다. 덤벙
초석에 두리기둥을 세우고 연꽃이 달린 파련 초각의 익공(翼工)을 창방
과 교차시켜서 주두를 받치고 다시 그 위에 파련 초각한 익공과 봉두
(鳳頭)를 초각한 보뺄목을 받게 하였다. 둘째, 셋째, 넷째 기둥에는 용두
(龍頭)를 조각하여 익공을 받게 하였다.

　이러한 가구 수법은 다른 건물에서도 확인되는데, 특히 팔상·독성·나
한 삼전의 경우와 거의 흡사하다. 따라서 두 건물이 같은 시기에 같은 장
인의 손에 의해서 지어졌거나 본떠서 지은 것이 아닌가 추측된다.

일로향각(一爐香閣)

노전승(爐殿僧)들이 거처하는 소규모 건물로서 원래는 관음전 자리에 있던 금어선원에 딸린 염화실(拈花室)이었다. 소규모의 다른 불당 건물과 달리 단아한 모습이 특이하다. 현존하는 건물이 언제 건립되었는지는 알 수 없으나 전체적인 건축 수법이나 양식적 특성으로 보아 조선 후기의 건립임을 짐작할 수 있다.

정면 다섯 칸, 측면 두 칸의 평면에 전퇴(前退)를 내어서 툇마루를 깔았다. 원형 초석에 세장한 두리기둥을 세워서 겹처마의 팔작지붕을 얹었다. 공포는 짜지 않고 창방 뺄목을 초각(草刻) 없이 내밀어서 주두를 얹고 장혀와 결구하여 보뺄목을 받쳤으며, 장혀와 창방 사이에는 소로를 4구씩 얹었다. 창호도 툇마루에 간단한 세 짝 미세기문을 달았으며, 아무런 치장이나 초각 없이 단색으로 단청하였다.

팔상(捌相)·독성(獨聖)·나한전(羅漢殿)

이 건물은 왼쪽으로부터 팔상전, 독성전, 나한전을 한 채에 연이어 수용한 점이 특이하다. 또한 중앙 세 번째 칸의 독성전 문울굴을 다른 부분과 달리 삼인방을 반원형 재목으로 아치 틀기한 건축 수법도 눈길을 끈다.

기록에는 1613년에 묘전 화상이 나한전을 창건하고 1705년에 명학(明學) 스님이 팔상전을 중건했다고 하므로 원래는 이들 세 건물이 별도로 지어졌음을 알 수 있다.

이 건물이 언제 지어졌는지는 확실히 알 수 없다. 그러나 1905년에 학암(鶴庵) 스님이 "팔상나한독성각(捌相羅漢獨聖閣)을 중건하고 제성상(諸聖像)을 새롭게 조성하였다."고 기록되어 있으므로 그렇게 오래전에 지어진 것은 아니라고 생각된다.

정면 일곱 칸, 측면 세 칸의 평면에 좌측 세 칸의 팔상전에는 삼존 소상(三尊塑像)과 팔상탱(八相幀)을 봉안했고, 중앙 네 번째 칸의 독성전에

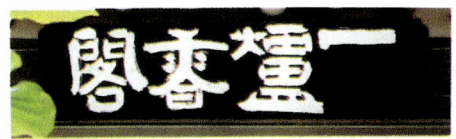
일로향각 현판

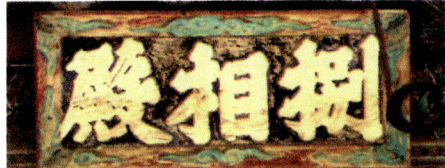
팔상전 현판

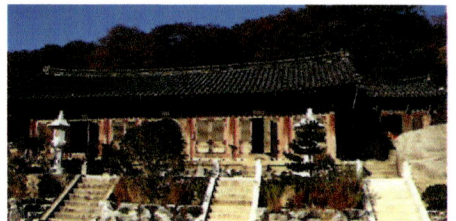
팔상·독성·나한전 전경

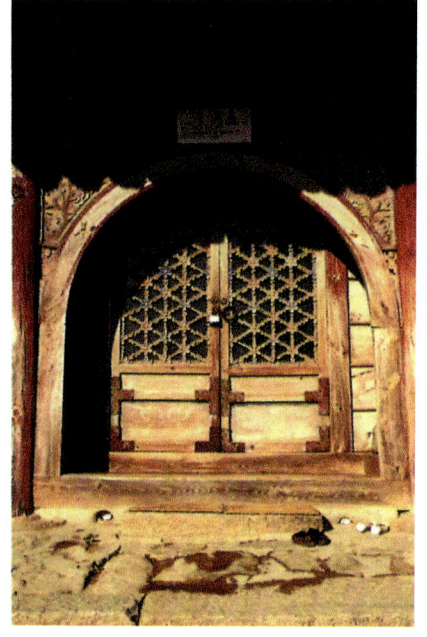
독성전의 문

는 나반존자(那畔尊者)를 그리고 우측 세 칸의 나한전에는 석가삼존과 16나한을 안치하였다.

전면을 모두 문얼굴로 개방하고 좌우 각 두 번째 칸에는 3분합을, 그 밖에는 2분합의 빗살문을 달았으나 네 번째 칸의 독성전으로 통하는 문얼굴은 상인방(上引枋)을 아치로 틀고 반 칸을 들여서 2분합의 화창(花窓)을 달았다.

공포는 짧게 작목(作目)한 주심포식으로서 행공 첨차를 걸고 장혀와 보뺄목을 결구하여 외목도리를 받쳤다. 덤벙 초석에 기둥뿌리만 숙석하여 세웠다. 파련 초각한 익공을 창방과 교차시켜서 주두를 받치고 그 위에 다시 익공과 봉두를 초각한 보뺄목을 받게 하였는데, 이러한 건축 수법은 관음전의 경우와 흡사하여 두 건물의 조영을 관련지어서 생각할 수도 있겠다.

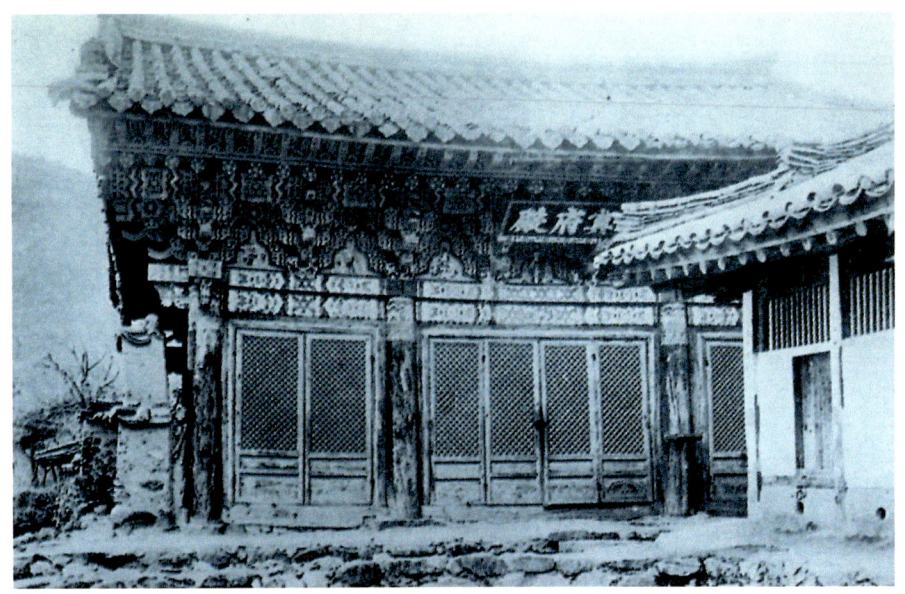

일제시대의 명부전 지금의 서지전 자리에 있었으나 1988년에 소실되었다. (조선총독부, 『조선고적도보』권13에 수록)

지장전(地藏殿)

초창기 때의 당호는 '지장전'이었으나 그 뒤에 같은 뜻의 '명부전(冥府殿)'으로 바뀌었다가 최근에 다시 '지장전'으로 불리게 되었다. 옛 명부전 건물은 팔상전 앞, 지금의 서지전 자리에 있었다. 그 건물은 1613년에 최공(崔公)이 창건했다고 하며, 그 뒤 1891년에 양화(兩華) 대사가 중수하여 내려오다가 1988년에 소실되었다. 1990년에 지금의 자리에 '지장전'이란 이름으로 새로 지었는데, 여기에는 지금의 일로향각의 전신인 상향각(上香閣)이 있었다.

지장전은 당호에서 알 수 있듯이 저승 세계를 상징하는 법당으로서 주존(主尊)은 지옥 중생의 구제를 서원한 지장보살을 모셨다. 관음의 신앙으로써 현세의 복락(福樂)을 추구하고 지장의 신앙으로써 저승의 길을 밝힌다는 불교 원리에 따라 관음전과 함께 대웅전을 좌우에서 협시

새로 지은 지장전의 금강역사상
(오른쪽)

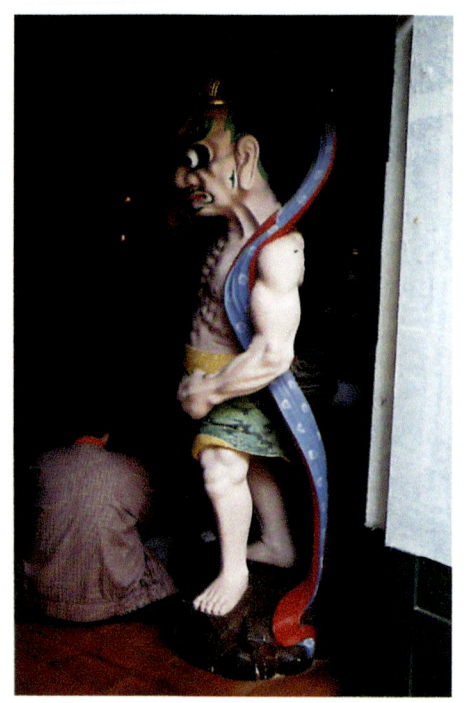

산령각 전경 소규모 건물의 내
부에는 가람터와 산악을 수호하
는 산신상과 호상을 봉안하고,
위치도 가람터의 제일 위쪽 산
록에 접해 있다.(아래)

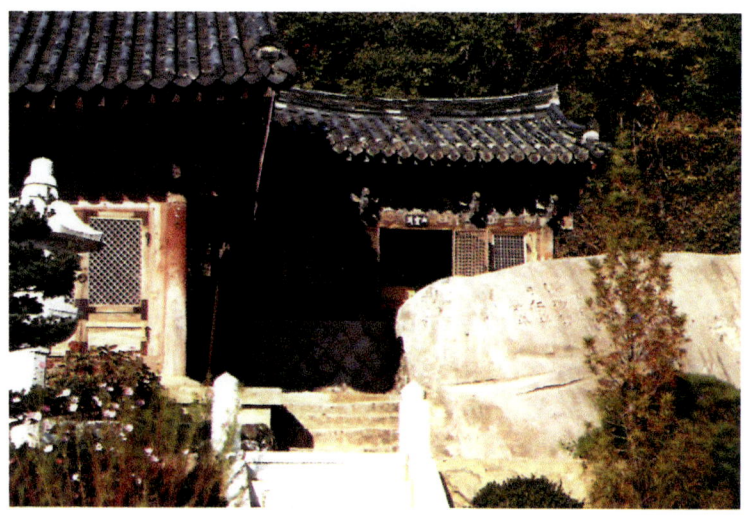

하도록 세워진 것이다.

새로 지은 지장전은 정면 세 칸, 측면 세 칸의 평면에 내·외 2출목의 다포식 공포를 짜 얹고 겹처마의 맞배지붕을 올렸다. 다포식이면서도 맞배지붕을 올리고 측면에 풍판을 단 것은 대웅전과 동일하다. 최근에 건립되었기 때문에 이에 대한 설명은 생략한다.

산령각(山靈閣)

산령각은 불교가 전래의 토속 신앙과 습합(褶合)하는 과정에서 생겨난 당우다. 소규모 건물의 내부에는 가람터와 산악을 수호하는 산신상(山神像)과 호상(虎像)을 봉안하고, 위치도 가람터의 제일 위쪽 산록에 접해 있다.

이 건물은 정면 세 칸, 측면 한 칸의 평면에 간략한 주심포식 가구에 1출목을 내고 겹처마의 맞배지붕을 얹었다. 어칸에 3분합, 좌우 협칸에 2분합의 빗살문을 달았다. 이러한 가구 수법은 그 앞의 팔상, 독성, 나한 삼전과 흡사하여 건립 시기를 추측할 수도 있겠지만 확실치는 않다.

중단의 건물

보제루(普濟樓)

불이문(不二門)에서 30여 단의 높은 석계를 올라 도달하는 중단 구역의 첫째 건물이다. 널리 중생을 제도한다는 '보제(普濟)'의 뜻에 부합되게 이 건물에서는 예불(禮佛)과 법요식(法要式)이 거행된다. 이러한 행사는 종종 건물 바깥의 중정으로도 연장되므로 상단이나 하단과는 다른 성격의 공간일 필요가 있다.

약 6, 7미터의 고저차로 상·하단과 적절한 공간적 분절을 이루고 누하주(樓下柱)를 통하는 대신 보제루의 좌우로 우회, 진입토록 하여 중정

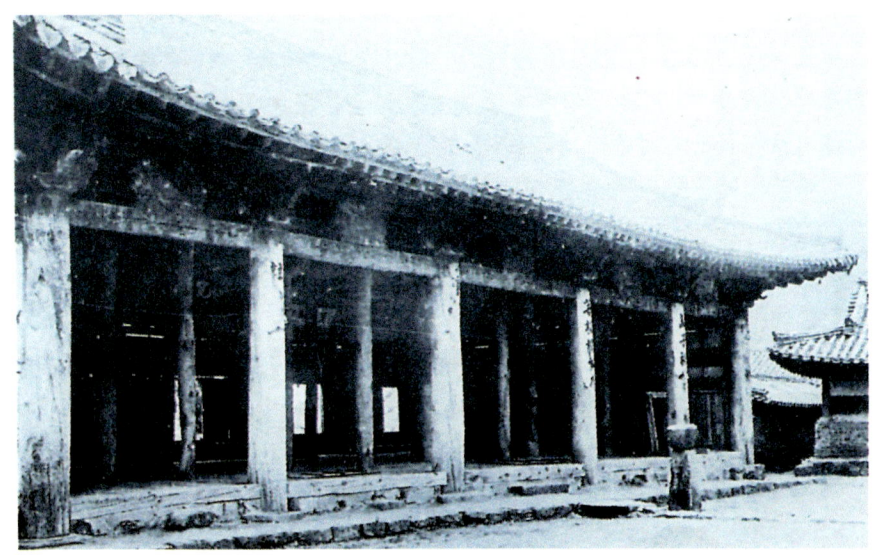

구한말(1904년경)의 보제루(普濟樓)   지금의 건물과 비교하면 주요 구조 부재나 공
포 등에서 큰 차이점을 발견할 수 없다. 중정 쪽은 완전히 개방하고, 불이문 쪽으로는
판벽 사이에 쌍여닫이 판장문을 달았다.(조선총독부, 『조선고적도보』권13에 수록)

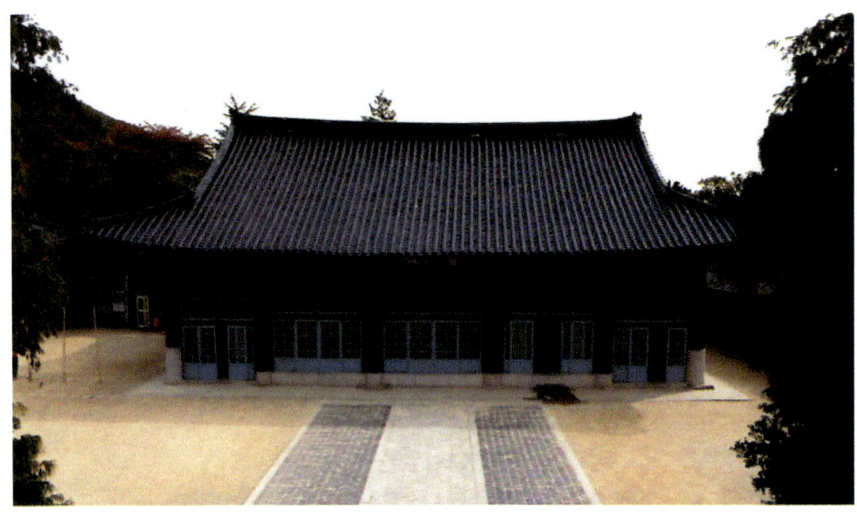

보제루 전경

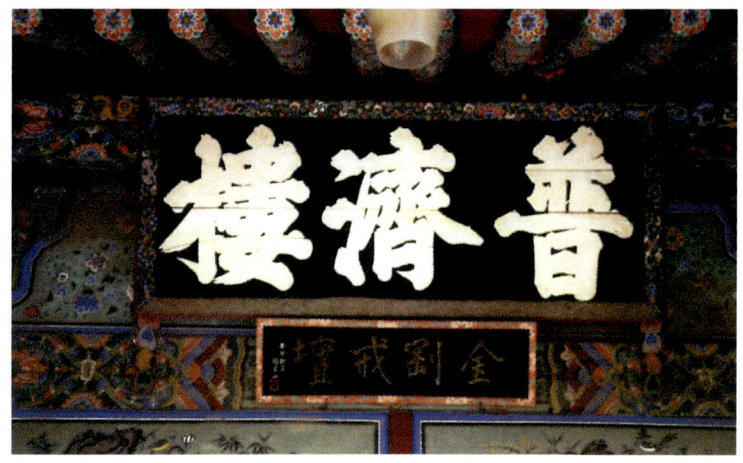

보제루 현판

에서의 내밀함을 더하도록 하였다. 일부 사찰처럼 누각 밑을 직접 통과하게 되는 이름 그대로의 누각이 아니라 정면에 석계를 배치하고 돌아들도록 한 것이다.

언제부터 지금의 자리에 보제루가 서 있게 되었는지는 알 수 없다. 다만 『사적기(事蹟記)』에는 숙종 15년(1699)에 자수(自修) 스님의 주관하에 조헌(祖軒)·회영(懷英) 스님들이 편수가 되어 창건했다고 한다. 그 뒤 순조 13년(1813)에 신정(信定) 스님이 주관하고 만잠(萬岑)·관식(寬式) 스님과 민간 공장(民間工匠)인 김성대(金成大) 들이 도목수(都木手)가 되어 중수하였으며, 다시 1827년에도 중건한 적이 있다. 따라서 지금의 건물은 1813년 또는 1827년에 중건한 것으로 보는 것이 타당한 듯하다.

『조선고적도보(朝鮮古蹟圖譜)』에 실린 사진도 이때 건립된 건물로 판단되는데 형태는 지금과 거의 다를 바 없다. 정면 다섯 칸, 측면 세 칸의 평면으로 사찰 안에서 가장 규모가 크다. 이익공(二翼工)식의 공포를 가구하여 겹처마의 팔작지붕을 올렸다. 수리 전에는 중정 쪽을 온통 개방하고 불이문 쪽으로는 판벽 사이로 쌍여닫이의 판장문을 달았었다. 최근에 수리하면서 큰 막돌 덤벙 주초 위의 1.5미터 석주(石柱)를 받치고 그 높이만큼 징두리 벽을 석판(石板)으로 막아서 중정 쪽에만 네 짝 미세기창을 달았다. 다만 수리하기 전과 다를 바 없는 익공식 공포의 형상은 전형적인 조선 후기의 양식적 특성을 보여 준다.

주두 위로 초익공과 이익공을 첩놓고 1출목을 짧게 내어서 외목도리를 받게 하였다. 익공과 행공 첨차에는 파련 형상의 단청 외에 별도의 초각은 하지 않았다. 창방과 장혀 사이에는 복화반(伏花盤) 1구씩을 얹고 나머지 부분에는 회벽 마감 위에 벽화를 그려 두었다.

최근의 수리로 예전과 비교하여 고졸한 분위기가 크게 줄어들었지만 누각 건물의 전형적인 모습은 보존하고 있다.

미륵전(彌勒殿)

『범어사 창건사적』에는 창사 당시에 2층 건물의 미륵전이 주불전으로 건립되었다고 하므로 창사 때는 미륵전이 가장 중요한 불전이었음을 알 수 있다. 그 뒤의 내력은 자세히 알 수 없으나 한참 뒤인 1613년에 묘전 스님이 지금의 자리에 미륵전을 중창한 이래 인조 15년(1637)에 인흡 스님이 중건하고, 고종 26년(1889)에 의룡(義龍) 스님이 중건하였다고 기록되어 있다. 따라서 이를 종합해 볼 때 지금의 건물은 1889년에 건립된 것으로 생각되는데, 건물이 지니고 있는 조선 후기 양식적 특성이 이를 뒷받침해 준다.

건물 내부에는 항마촉지(降魔觸地)의 목조 미륵 불상을 모시고, 전면과 좌우 벽면에는 영탱을 봉안하였다. 미륵전은 미륵불의 회상(會上), 곧 그 세계가 용화(龍華) 세계이므로 '용화전(龍華殿)'이라고도 부른다.

원래는 정면 세 칸, 측면 두 칸에 겹처마의 맞배지붕을 올리고 막돌 허튼층쌓기한 기단(基壇)에 덤벙 초석을 놓았다. 최근에 수리하면서 숙석한 면석과 탱주를 세우고, 장대석을 둘러 기단을 만들고, 고복석(鼓

腹石)의 초석 위에 두리기둥을 세웠다.

공포는 수리 전과 다를 바 없는데, 조선 후기의 전형적인 1출목의 주심포를 짜 올렸다. 제공(齊工) 뿌리를 위로 치켜올려서 그 끝에 만개한 연꽃과 봉오리를 조각하고 파련 형상으로 단청하였으며, 창호는 전면에 문얼굴을 전부 내고 각 칸에 2분합의 빗살문을 달았다. 이러한 건축 수법은 심검당의 경우와도 흡사하여 두 건물의 건립이 서로 연관되어 있음을 짐작케 한다.

비로전(毘盧殿)

비로전은 창사 당시에 미륵전 서쪽에 세 칸 건물로 건립되었다고 한다. 화엄 십찰의 하나로 창건된 만큼 화엄종(華嚴宗)의 본존인 비로자나불을 모신 건물이 건립된 것은 당연하다 하겠다. 그 뒤의 내력은 알 수 없으나 한참 뒤인 숙종 9년(1683)에 해민(海敏) 스님이 중창하고, 경종 원년(1721)에 진열(進悅)·관성(寬性)·청우(淸憂) 스님들이 양공(良工)으로 일하여 중수하였다고 한다. 조선 후기의 양식적 특성을 갖고 있으므로 1721년 이후로도 몇 차례의 중건이 있었던 것으로 추정된다.

정면 세 칸, 측면 세 칸의 평면에 겹처마의 맞배지붕을 올리고 내부에는 비로자나 삼존을 봉안하였다. 기단은 최근에 수리하면서 미륵전의 경우와 같은 형상으로 축조하였으며, 그 밖에는 『조선고적도보』에서 보는 것과 아무런 차이가 없다.

창방 뺄목을 초익공으로 하고 그 위에 행공 첨차와 이익공을 첩놓아 1출목을 짧게 내어서 장혀와 외목도리를 받게 하였다. 공포의 형상만을 두고 볼 때 보제루의 경우와 흡사하다.

창호는 미륵전과 같은 형식인데, 미륵전과의 사이에는 쌍여닫이의 격자살문을 달아서 뒤쪽의 금어선원으로 통하게 하였으니 비로전 오른쪽의 '영주선재(瀛州禪齋)'라 현액한 솟을삼문이 그 정문이다.

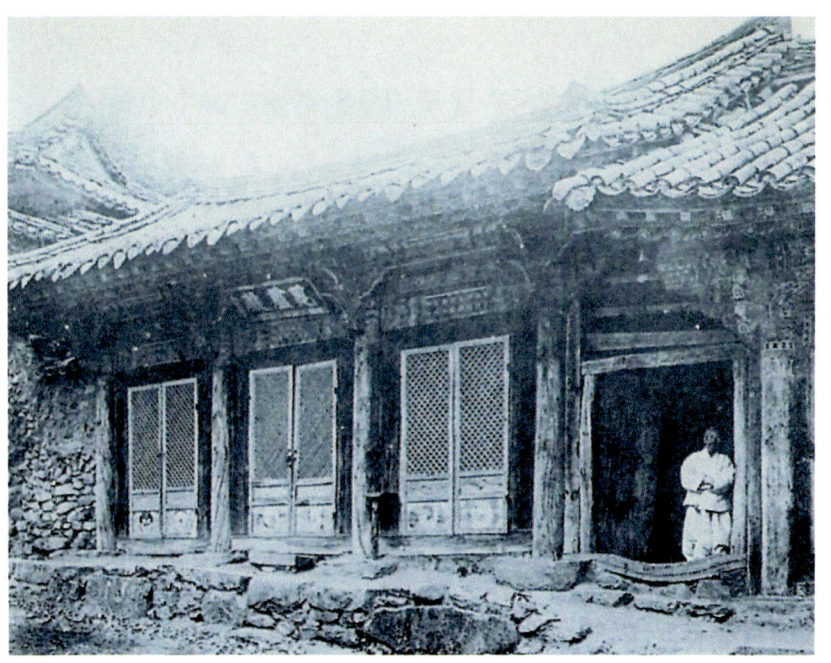

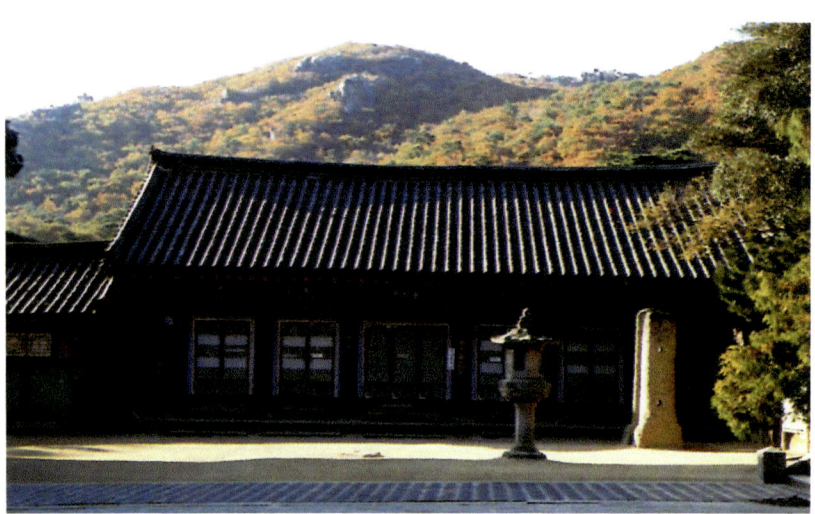

일제시대의 비로전　건물의 골격은 지금과 다른 점이 없으나 상당히 퇴락한 상태임을
알 수 있다. 우측 미륵전 사이의 문은 옛 청풍당으로 들어가는 문이다.(맨 위, 조선총
독부,『조선고적도보』권13에 수록)
심검당　원래 선방 건물이었으나 지금은 강학을 위한 건물로 사용하고 있다.(위)

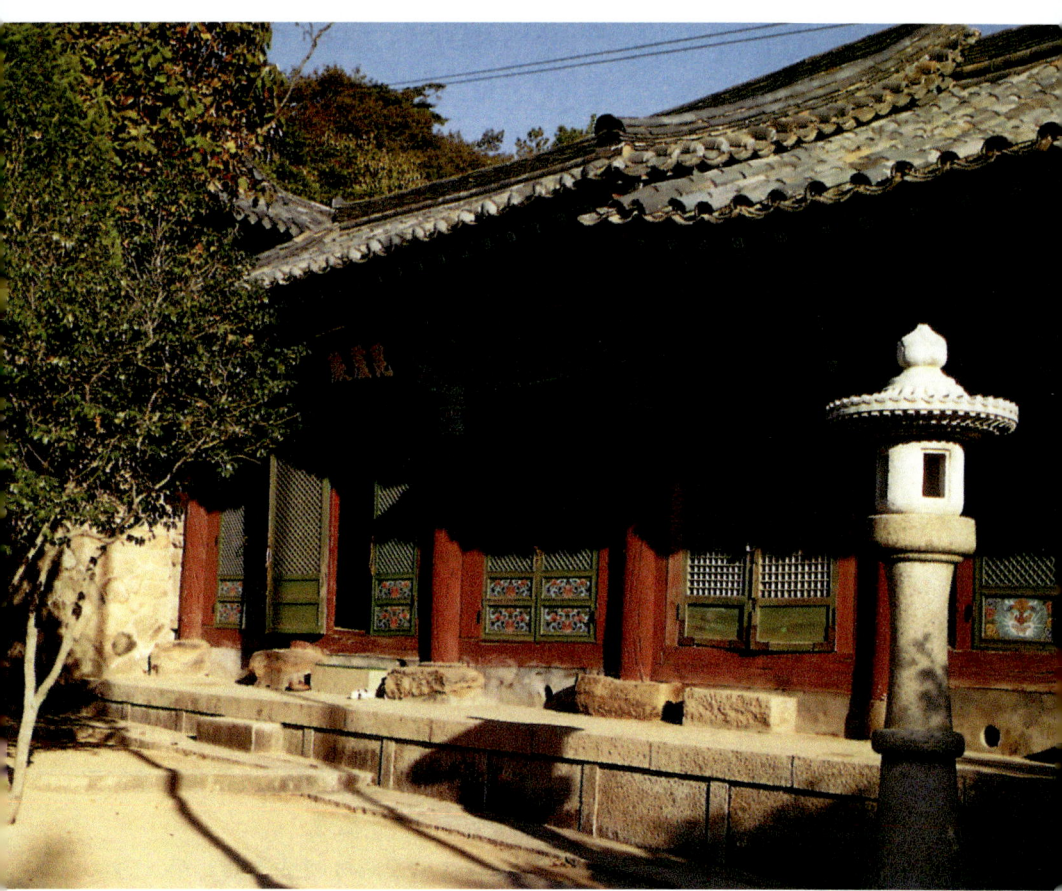

비로전 전경

심검당(尋劍堂)

'심검'이란 당호에서 알 수 있듯이 원래는 선방이었다. 사찰 규모가 커지면서 선방의 기능을 금어선원으로 옮기고 지금은 신참 납자들의 강학을 위한 건물로 사용되고 있다. 일제 때는 '영각(影閣)'이란 이름으로 외상 대사 등의 조사(祖師) 진영을 봉안하기도 하였다.

숙종 25년(1613)에 묘전 스님이 대웅전 등을 중건할 때 처음으로 건립하였다고 하며, 그 뒤로도 빈번한 중건·중수가 있었겠지만 확인할 길이 없다.

정면 여섯 칸, 측면 세 칸의 평면에 서까래만으로 맞배지붕을 올렸다. 낮은 석축 기단에 방형 초석을 놓고 두리기둥을 세워서 1출목의 주심포를 짜올렸다. 창방 뺄목을 안초공(按草工)처럼 만들어서 주두를 감싸고 쇠서 뿌리에 파련 형상으로 단청하였으며, 그 끝을 아래로 늘어뜨린 살미를 첩놓아서 보뺄목을 받쳤다. 제1첨차에 행공(行工)을 걸고 짧게 1출목을 내어서 장혀와 외목도리를 받게 하였으며, 내부는 한 몸처럼 보아지를 틀었다.

이러한 건축 수법은 미륵전과 흡사한 조선 후기의 말기적 특성을 갖고 있어서 1889년의 중수 때 크게 손질되었을 것으로 여겨진다.

종루(鐘樓)

원래는 심검당 오른쪽 전방, 3층석탑 맞은편 중정에 있었다. 당시의 건물은 숙종 25년(1699)에 명학 스님이 중창했다고 전하는데 일제 초기에 지금의 자리에 그대로 옮겨 세웠다. 건축 양식이 미륵전과 흡사하여 1889년경에 크게 손질한 건물임을 알 수 있다.

2층 누각에 정면 세 칸, 측면 세 칸의 규모로서 범종(梵鐘), 법고(法鼓), 운판(雲版), 목어(木魚) 등 사법물(四法物)을 갖추었다.

막돌 덤벙 초석에 두리기둥을 세웠고, 2층 누마루를 깔고 다시 2층 기둥을 세워서 겹처마의 팔작지붕을 얹었다. 원래는 1층 누하주를 전부 열었으나 지금은 간벽을 막아서 기념품 판매점을 꾸몄다.

공포는 미륵전과 흡사한데 창방 뺄목을 돌출시켜서 양봉(樑奉) 형상으로 주두를 감싸고 살미는 끝을 만곡시켜서 연꽃을 초각하였다. 다시 행공 첨차와 제2첨차를 첩놓아서 봉두 형상을 초각한 보뺄목과 장혀 및 도리와 결구하고 내부는 한 몸처럼 보아지를 틀었다.

한편 최근에 승가대학(僧伽大學) 일곽에 세운 또 하나의 종루가 있다. 정면, 측면 세 칸의 누각형 건물로서 1층 누하주와 바닥을 콘크리트로 만들었다.

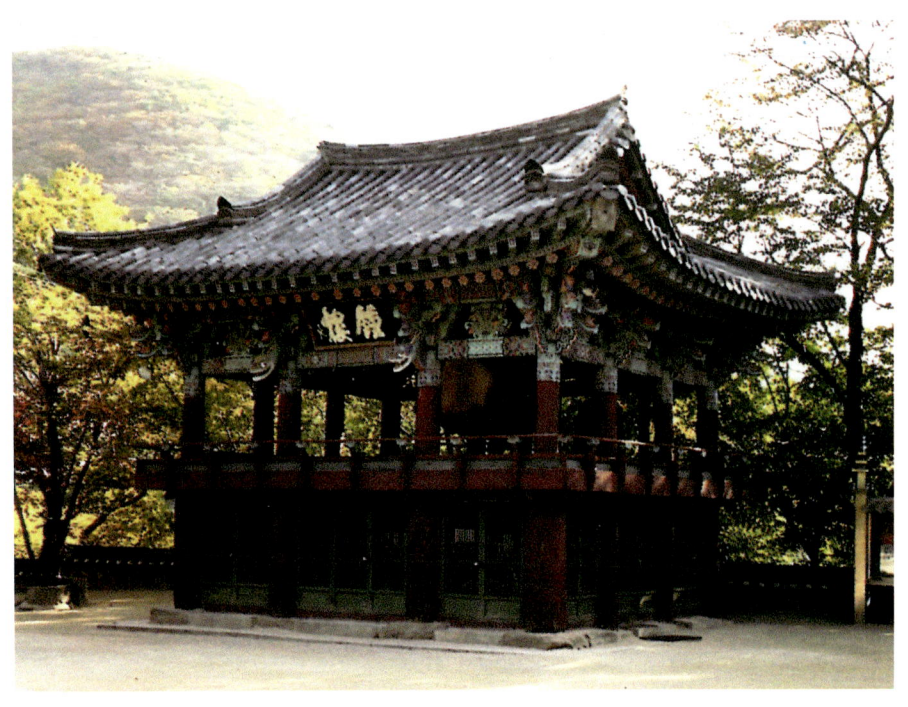

종루 원래는 심검당 오른쪽 전방, 3층석탑 맞은편 중정에 있었다. 당시의 건물은 숙종 25년(1699)에 명학 스님이 중창했다고 하는데 일제 초기에 지금의 자리에 그대로 옮겨 세웠다. 건축 양식이 미륵전과 흡사하여 1889년경에 크게 손질한 건물임을 알 수 있다.

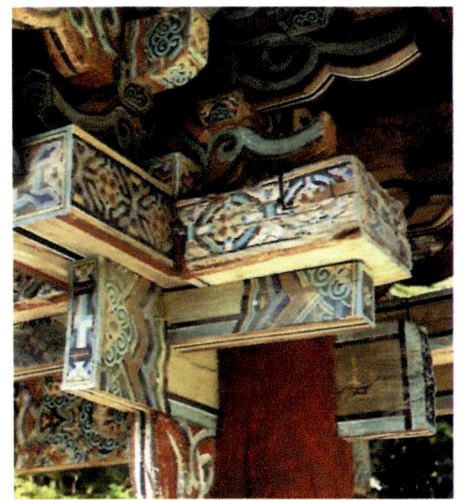
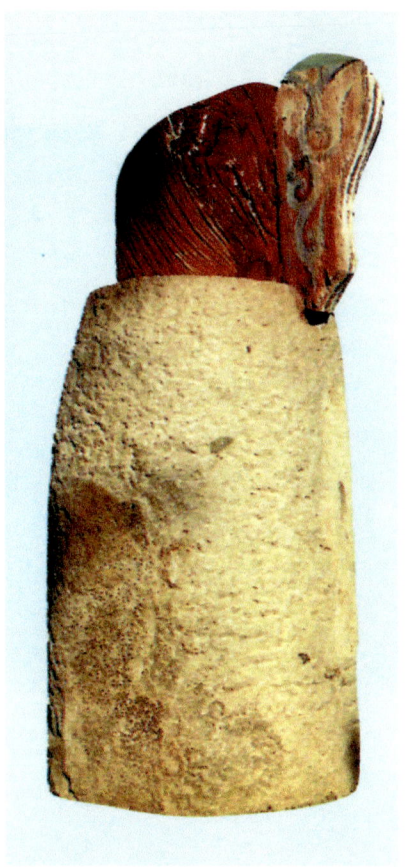

일주문 가구와 석주   행공은 하단 모서리만 교두로
깎고 나머지는 전부 직절하였고, 기둥은 지반에서
1.45미터 정도 높이까지 배흘림을 가진 원통형 석주
를 세웠다.

하단의 건물

일주문(一柱門)

사역으로 들어가는 첫 번째 문으로서 범어사 성역(聖域)의 문지방에
해당된다. 어칸에 '조계문(曹溪門)'이라 편액하고, 좌우 협칸에는 각기
'금정산범어사(金井山梵魚寺)'와 '선찰대본산(禪刹大本山)'이라 편액하였
다. 신라시대에는 화엄종찰로서 역할을 다했겠지만 그 뒤로는 조계 선

종(曹溪禪宗)의 원류로서 선종 사찰임을 나타내는 것이라 하겠다.

일주문은 그 이름에서와 같이 기둥 셋이 한 줄로 서서 지붕을 받치고 선 세 칸 건물이다. 여느 사찰에서도 쉽게 볼 수 있겠지만 범어사 일주문은 석주(石柱)로서 지붕을 받치게 하는 독특한 구조로 유명하다.

처음 건립된 것은 숙종 26년(1614)에 묘전 스님이 대웅전을 비롯하여 수많은 불전 요사를 중건할 때였다고 기록되어 있다. 그 뒤 1718년에 명흡 스님이 주관하고 대준(大俊)·우화(祐和)·처운(處雲) 스님들이 편수가 되어 석주(石柱)로 개조하였으며, 1781년에 백암(白巖) 스님의 주관하에 다시 중건했다고 한다. 지금의 건물은 그때 건립한 것이지만 석주는 1718년에 세운 그대로다.

특이한 형상의 기둥은 지반에서 1.45미터 정도 높이까지 배흘림을 가진 원통형 석주를 세우고 그 위에 두리기둥을 연속하여 세워서 만들었다. 그 뒤에 겹처마의 맞배지붕을 얹고 측면에는 풍판을 달았다. 각 주칸(柱間)을 동일하게 잡고 창방과 평방 뺄목을 방형으로 짜서 그 위에 1구씩의 보간포(補間包)를 올린 내·외 3출목의 나포식 건물이다.

제공(齊工)의 쇠서는 제1·2첨차의 경우에 뿌리 밑 부분을 둥글게 하여 끝은 부리처럼 뾰족하게 턱을 치켜들게 만들고, 제3첨차는 같은 형상이지만 뿌리 밑부분을 파형(波形)으로 깎았다. 한대(限大)는 날렵한 익공으로 만들고 상단을 둥글게 깎은 뒤에 그 끝을 뾰족하게 만든 보뺄목을 장혀와 결구하여 외목도리를 받게 하였다. 행공은 하단 모서리만 교두(翹頭)로 깎고 나머지는 전부 직절(直截)하였으며, 창방 아래에는 안초공(按草工)으로 기둥을 묶었다.

일주문은 석주를 세운 독특한 구조로서 널리 알려져 있지만 조선 중기 다포식 가구의 전형적인 수법을 지니고 있어서 대웅전과 함께 목조 건축 양식을 연구하는 데 중요한 사료적 가치가 있는 건물이다. 현재는 부산직할시 유형문화재 제2호로 지정되어 있다.

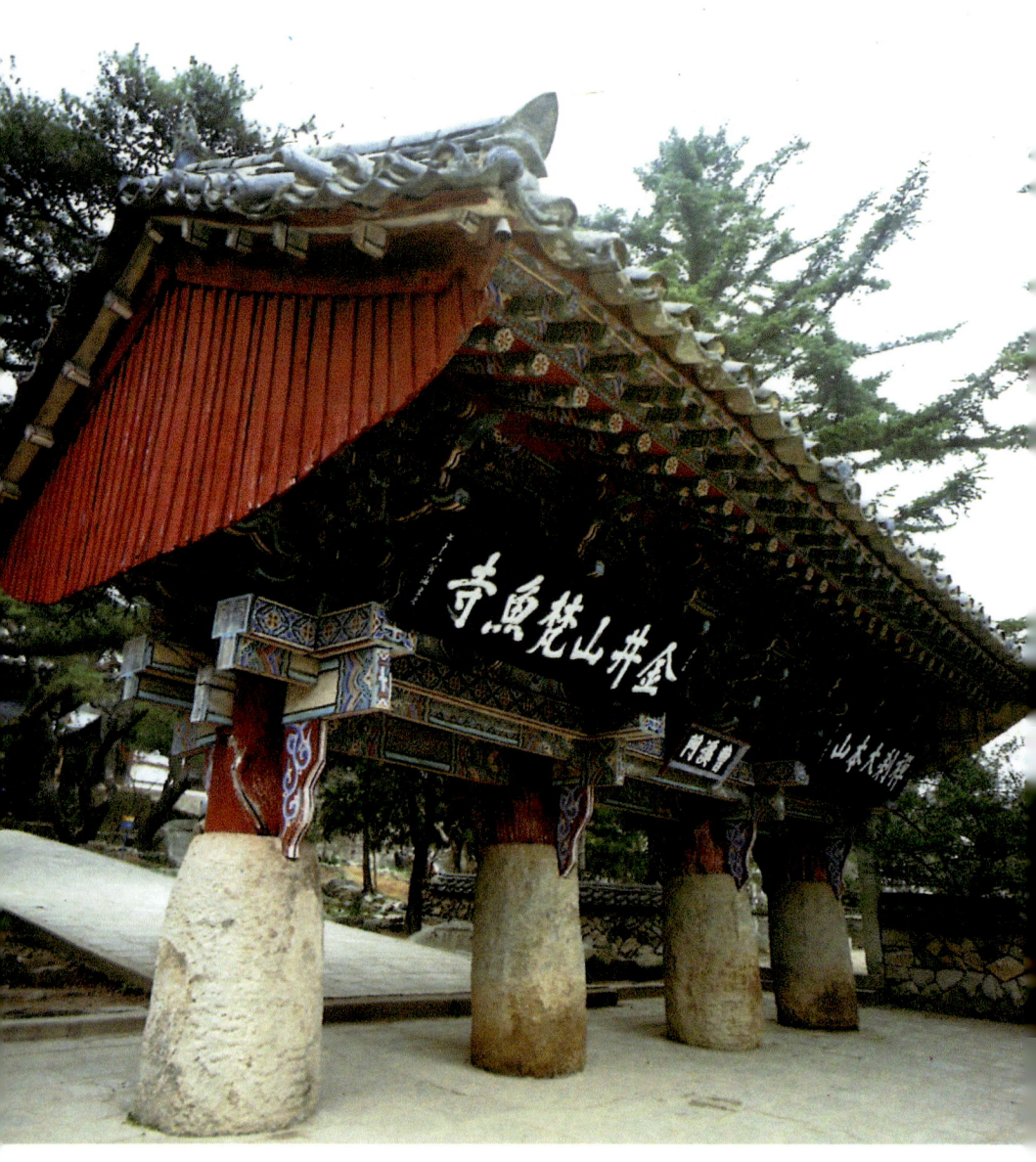

일주문 전경　일주문은 그 이름에서와 같이 기둥 셋이 한 줄로 서서 지붕을 받치고 선세 칸 건물이다. 어느 사찰에서도 쉽게 볼 수 있겠지만 범어사 일주문은 석주로써 지붕을 받치게 하는 독특한 구조로 유명하다.

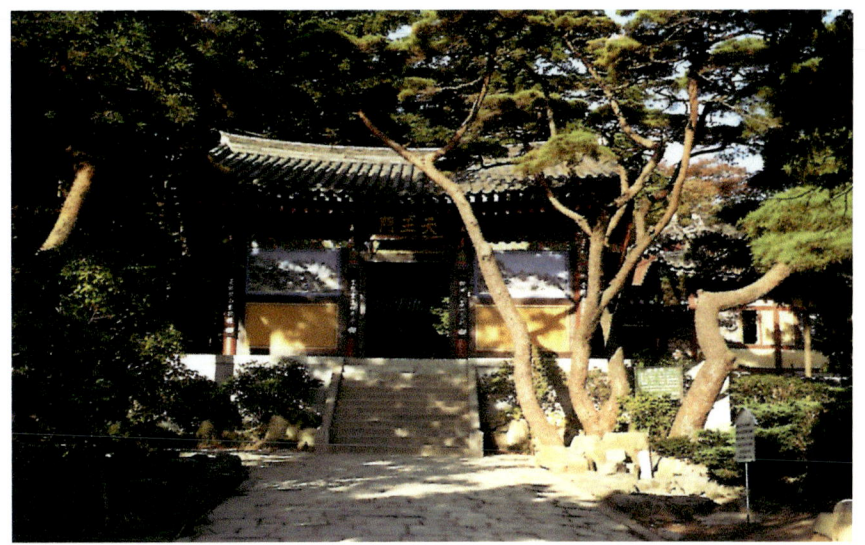

천왕문 전경

천왕문(天王門)

천왕문은 삼문 가운데 두 번째 문으로서 13단의 높은 석계를 오르는 축대상에 4구의 사천왕상(四天王像)을 모신 건물이다. 본래 사천왕은 지상의 가장 가까운 하늘에 있으면서 동서남북 사방을 담당하여 인간으로 하여금 선을 장려하고 악을 막는 기능을 가진 불법 수호신으로 알려져 있다. 그런 점에서 천왕문은 범어사 성역에 이르기 위해서 속진을 걸러내는 중요한 통과 의례의 체가름 장치에 해당한다.

숙종 25년(1699)에 자수 스님이 처음으로 건립했다고 하는데 그 뒤로 몇 차례의 중수가 있었겠지만 확인되지 않는다. 최근에 새로이 단장하였는데 정면 세 칸, 측면 두 칸의 평면에 풍판을 단 겹처마의 맞배지붕을 얹었으며 좌우 협칸에는 사천왕상 4구를 모시고 어칸은 통로가 되게 하였다.

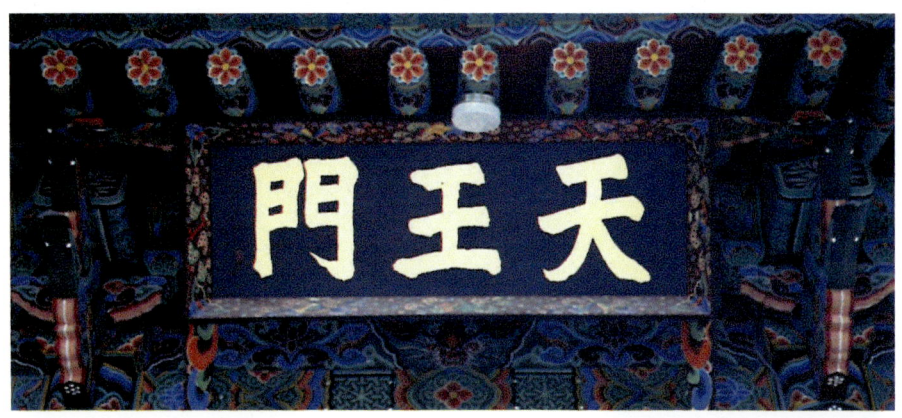

천왕문 현판과 사천왕상　본래 사천왕은 지상의 가장 가까운 하늘에 있으면서 동서남북 사방을 담당하여 인간으로 하여금 선을 행하게 하고 악을 막는 기능을 가진 불법 수호신으로 알려져 있다. 그런 점에서 천왕문은 범어사 성역에 이르기 위해서 속진을 걸러내는 중요한 통과 의례의 체가름 장치에 해당한다.

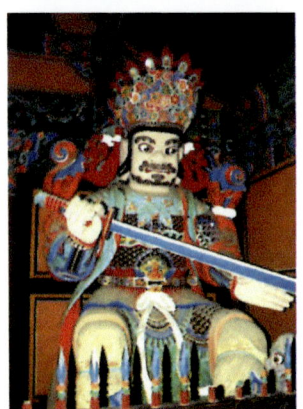

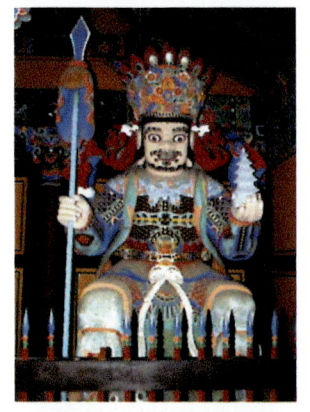

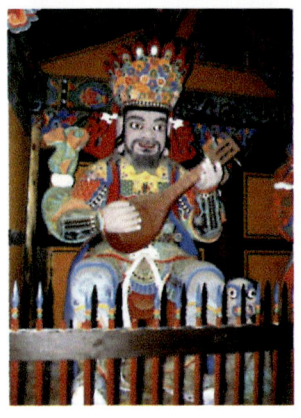

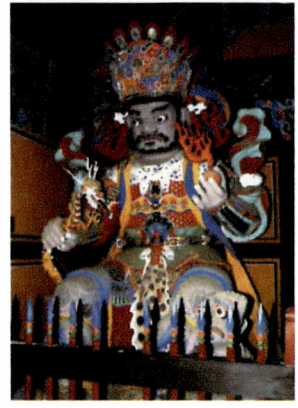

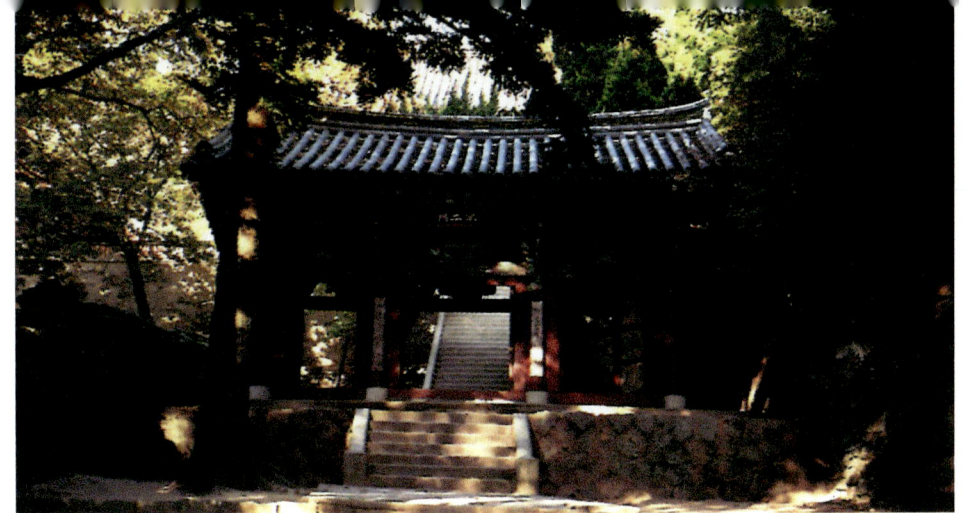

불이문 전경

큰 막돌 덤벙 초석 위에 두리기둥을 세우고, 창방 뺄목을 초익공으로 만들어 이익공과 1출목의 행공을 걸어서 장혀와 보뺄목을 결구하여 외목도리를 받게 하였다. 내진 기둥으로 대들보의 중앙을 받치고 동자기둥을 세워서 종보를 걸고 다시 화반 대공(花盤臺工)을 세워서 종도리를 받게 한 5량가(樑架)이며, 연등 천장을 꾸몄다.

전형적인 조선 후기의 익공식 가구의 특성을 갖고 있어서 지금의 건물은 초창기로부터 한참 뒤에 건립된 것으로 생각된다.

불이문(不二門)

삼문 가운데 세 번째 문으로서 그 뜻과 같이 본래 진리란 둘이 아니고 하나임을 강조한 것이다. 어칸의 좌우 기둥에는 각기 '신광불매만고휘유(神光不昧萬古輝猷)'와 '입차문래막존지해(入此門來莫存知解)'라는 동산(東山) 선사가 쓴 주련(柱聯)이 걸려 있다. 신광의 밝고 오묘한 뜻을 알기 위해서 이 문을 들어서면서부터는 알음알이를 배척해야 된다는 것이다. 이 도리는 세상의 지식이나 알음알이로는 해결될 수 없는 것이기 때

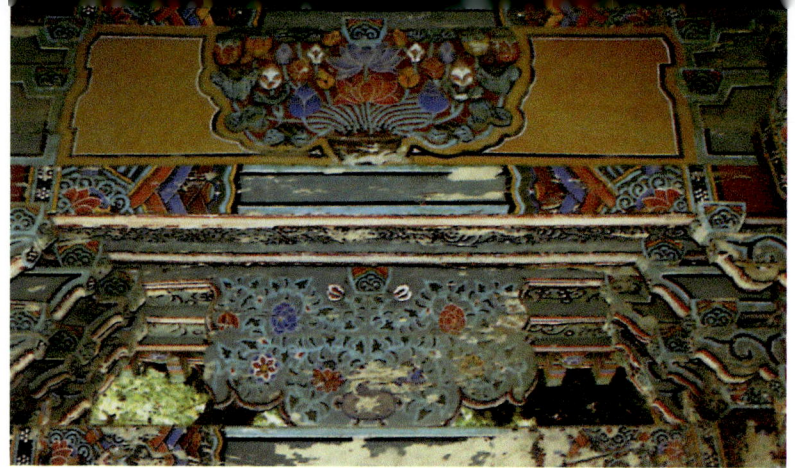
불이문 화반과 세부

문에 이 문 안에서의 마음 자세를 주련의 글귀로 나타낸 것이라 하겠다.

불이문은 숙종 25년(1699)에 자수 스님이 천왕문과 함께 창건하였다고 기록되어 있을 뿐 그 뒤의 내력은 확인되지 않는다. 다만 조선 후기의 양식적 특성을 지니고 있는 것으로 보아 지금의 건물은 한참 뒤에 건립된 것으로 생각된다.

건물은 정면 세 칸, 측면 한 칸의 평면에 겹처마의 맞배지붕을 올렸다. 낮은 기단 위에 원통형 초석을 놓고 두리기둥을 세워서 앞뒤의 각 주 칸에 문틀을 짜서 쌍여닫이의 판장문을 달았으나 항상 열어 두었다. 공포는 내·외 2출목의 주심포식으로 포작했지만 다포식 공포와 흡사한 형상이 특이한 점이다. 주두 아래에서 창방 뺄목을 살미로 내어서 쇠서가 뾰족하게 치켜드는 형상으로 단청하였다. 쇠서의 끝에는 만개한 연꽃과 봉오리를 조각하였으며, 내부로는 한 몸처럼 보아지를 틀어서 오히려 번거로운 느낌마저 준다.

일주문으로부터 곧게 이어진 연도 좌우의 나무숲 아래에 단정하게 선 이 문 앞에서는 마음이 한층 숙연해진다. 범어사 성역으로 이르는 마지막 문인 불이문을 통과함으로써 비로소 사바(娑婆)의 예토(穢土)를 지나 정토(淨土)로 통하는 길이 열린다고 하겠다.

선원(禪院)과 요사(寮舍)

원응방(圓應房)

일제 초기까지 범어사에는 스님들이 거처하는 요사와 수행처인 강당(講堂), 선방(禪房) 등 7대방(大房)이 있었다. 중단 구역의 원응방은 그 가운데 하나로서 1613년 묘전 스님이 창건하였으나 이후의 내력은 알 수 없다. 지금 건물은 1925년에 성월(惺月) 스님이 중건한 것이다.

강당과 불교 전문 강원으로 사용하다가 지금은 승가대학으로 사용하고 있으며, 심검당(尋劍堂), 안심료(安心寮)와 함께 경학을 연구하는 곳이다. 정면 열 칸, 측면 네 칸의 평면에 맞배지붕을 올렸다.

금어선원(金魚禪院)

원래는 대웅전 오른쪽 관음전 자리에 있었으나 지금 자리에 있던 청풍당(淸豊堂)을 헐고 1968년에 새로 세웠다. 정면 여섯 칸, 측면 세 칸에 팔작지붕을 올렸으며 사찰 안의 대표적인 일반 선원(禪院)이다.

한편 청풍당은 7대방 가운데 하나로서 경학을 수료한 구참 납자의 선 수행을 위한 선원이었으며 1613년에 묘전 스님이 창건했다고 한다.

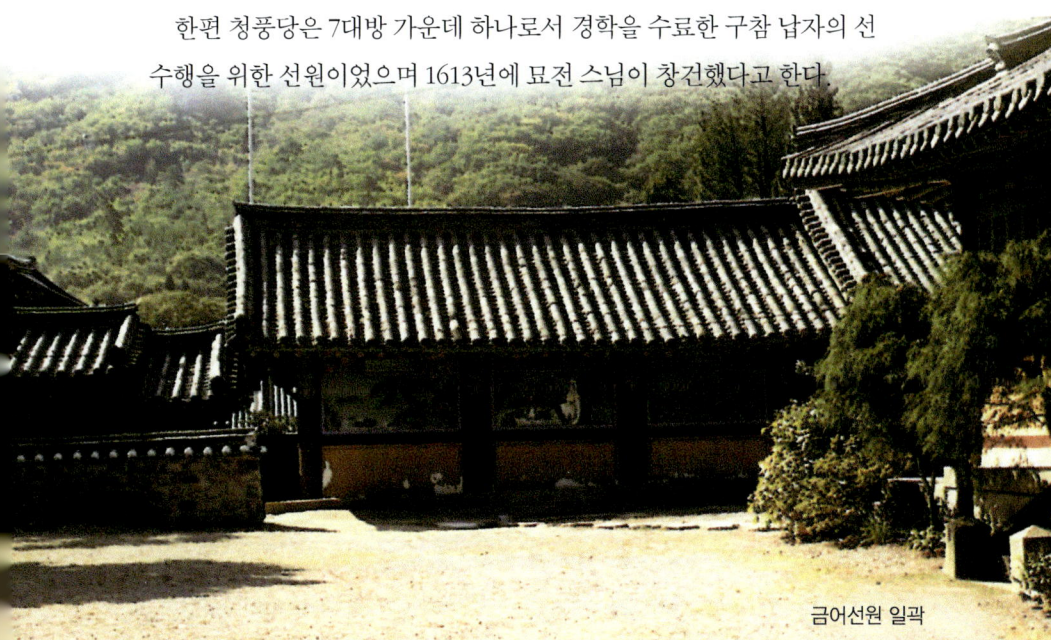

금어선원 일곽

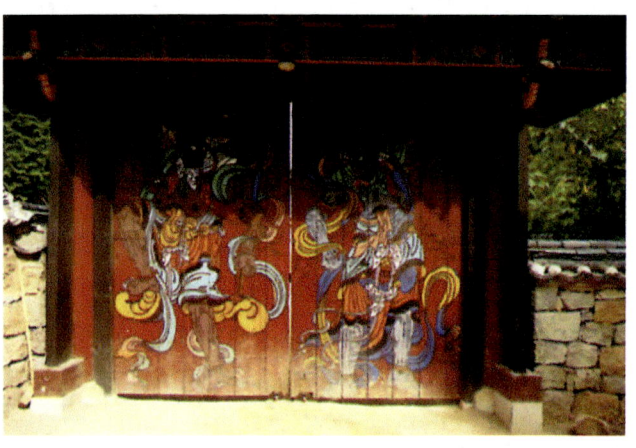

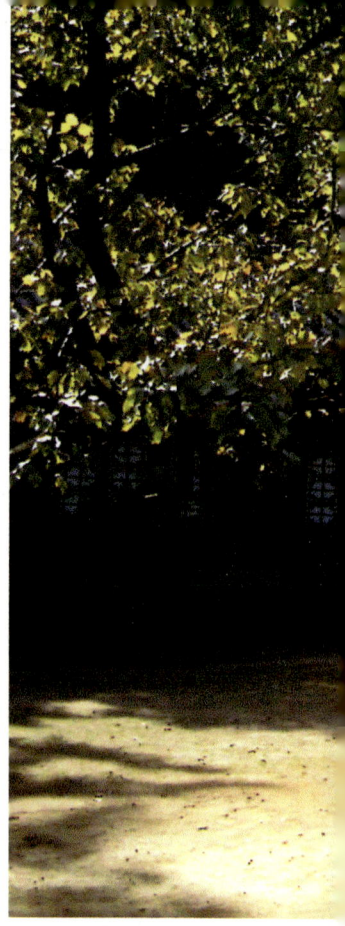

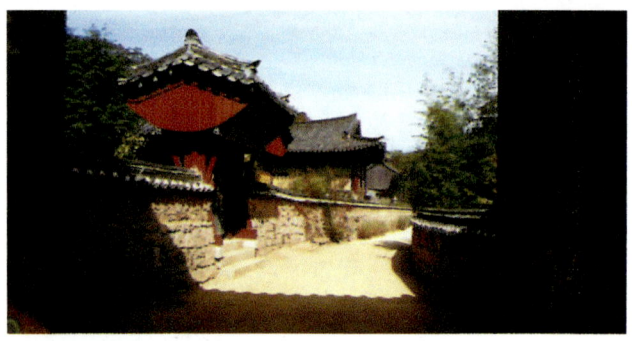

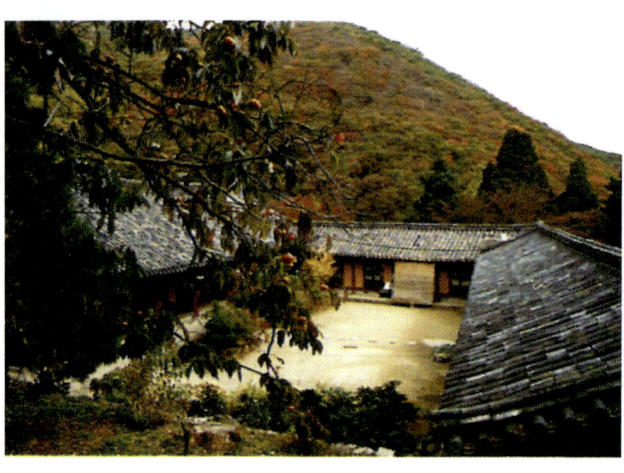

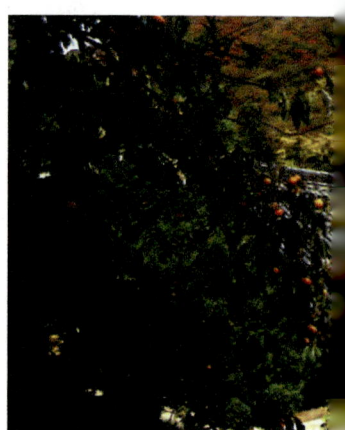

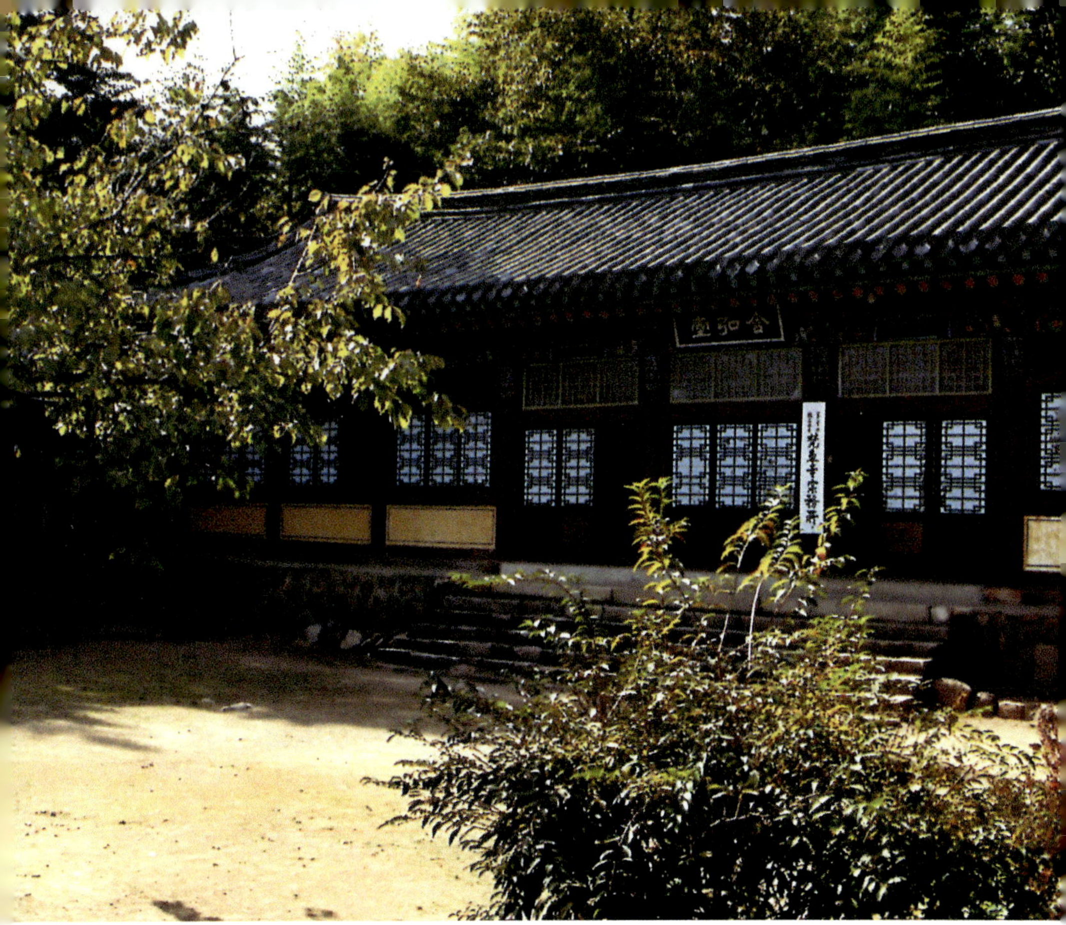

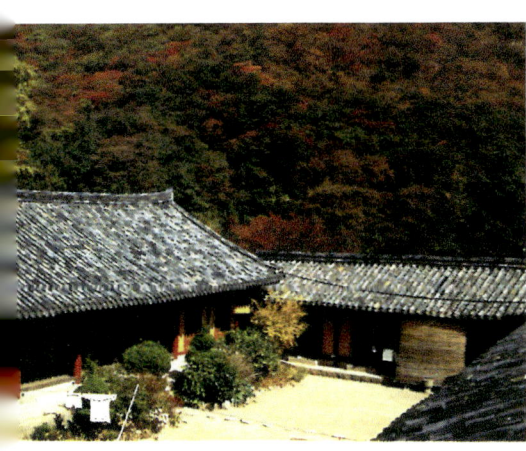

요사 구역 현재 종무소로 사용하고 있
는 함홍당(위)은 1613년에 묘전 스님이
창건하였고, 1925년에 성월 스님이 중
수한 것이다. 범어사의 선원과 요사는
원응방·금어선원·해행당·안심료 등
여러 구역이 있으며, 휴휴정사는 최근
에 건립된 것이다.

해행당(解行堂)

7대방 가운데 하나로서 1613년에 묘전 스님이 창건했다고 한다. 하단 구역에 있는 요사로서 정면 열 칸, 측면 두 칸의 맞배지붕을 올렸으며 지금은 불교청년회 등 속가 대중(俗家大衆)의 교육을 위한 건물로 사용된다.

함홍당(含弘堂)

7대방 가운데 하나로서 1613년에 묘전 스님이 창건하였고, 한참 뒤인 1925년에 성월 스님이 중수하여 이를 교무소(敎務所)로 사용하였다. 정면 열 칸, 측면 두 칸의 팔작지붕을 올렸으며 지금은 사찰의 종무소(宗務所)로 사용된다.

안심료(安心寮)

1613년에 묘전 스님이 중단 구역에 선방으로 창건했다고 하지만 전후의 사정은 확인할 수 없다. 신참 납자의 선(禪) 수행을 위한 건물로 사용되기도 하였으나 지금은 강학 공간으로 사용되고 있다. 정면 일곱 칸, 측면 세 칸에 맞배지붕을 올렸다.

이 밖에도 상단 구역에 서지전, 염화실, 휴휴정사 등이 있고 중단 구역에 심검당에 딸린 객실, 설현당 등의 건물이 있다.

휴휴정사는 최근에 건립되었는데, 금어선원이 일반 선원이라면 이 건물은 특별 선원에 해당된다. 이곳에는 원래 극락암(極樂庵)이 자리잡고 있었다. 극락암은 숙종 20년(1694)에 자수 스님이 창건했던 것을 1708년에 퇴은(退隱) 스님이 중건했다고 하며 그 뒤의 내력은 확인되지 않는다. 지금의 휴휴정사는 정면 여덟 칸, 측면 네 칸에 팔작지붕을 올렸는데 오른쪽에 있는 정면 다섯 칸, 측면 세 칸의 요사와 전방의 정면 여덟 칸, 측면 두 칸의 염화실 및 서지전과 선원 일곽을 형성한다.

유물과 유적

    범어사에는 여러 분야에 걸쳐 많은 유물이 남아 있다. 그러나 3층석탑 등 몇 가지를 제외하고는 유물의 제작 연대가 대개 조선시대 후기를 벗어나지 못하고 있음을 볼 수 있다.

불화(佛畫)

비로자나불회도(毘盧舍那佛會圖)

    비단 바탕에 채색을 한 이 그림은 원래 비로전(毘盧殿)의 후불탱화(後佛幀畵)로 봉안되었던 것이나 지금은 파손이 심하여 별도로 보관되어 있다.

    '비로자나불'이란 모든 곳에 부처의 광명(光明)이 두루 비치게 하는 부처로서 진신(眞身)이며 법신(法身)이다. 따라서 이러한 내용을 나타내는 비로자나불화는 비로자나불을 중앙에 본존(本尊)으로 삼고 보신불(報身佛)인 노사나불(盧舍那佛)과 화신불(化身佛)인 석가여래(釋迦如來)를 좌우 협시불로 배치하는 것이 일반적인 예다.

    그러나 이 범어사 비로자나불화는 본존불인 비로자나불만을 강조하여 그린 그림으로, 화면의 중심에서부터 상단에 이르기까지 큼직하게

본존을 그린 다음 본존을 중심으로 상단에는 아난과 가섭을 비롯한 제
자들을 배열하고, 중단에는 지혜(智慧)의 상징인 문수보살(文殊菩薩)과
덕(德)의 상징인 보현보살(普賢菩薩)을 포함한 보살의 무리를 섬세한 필
치로 묘사하였다. 그리고 화면 하단에는 좌우에 각각 2구씩의 사천왕
(四天王)을 배치하고 있는데, 구름으로 상·중·하단의 구분을 짓고 있음
을 볼 수 있다.

문수보살과 보현보살을 협시로 하고서 둥근 모양의 녹색 머리광배와
엷은 청색 바탕에 격자(格子) 무늬를 넣은 몸광배를 지니고 결가부좌(結
跏趺坐)한 본존불에서 볼 수 있는 뾰족한 육계(肉髻)와 큼직한 계주(髻
珠), 둥글둥글한 나발(螺髮) 등은 조선시대 후기 불교 회화에서 일반적으
로 나타나고 있는 특징들이다.

얼굴은 둥글고 풍만하며 눈·귀·코·입 등은 작고 부드러워 비교적 원
만상을 하고 있는데, 이와 같은 얼굴의 표현은 협시와 기타 보살들에게
도 적용되어 전체적으로 원만한 모습들을 하고 있다.

색채는 홍색(紅色)과 녹색(綠色)이 주조를 이루고 있으며, 옷깃과 대
좌에 사용하고 있는 엷은 청색과 화려한 본존과 보살들의 옷 무늬 그리
고 갈색 계열의 색으로 표현한 구름 등 색채의 조화로 인하여 전반적으
로 온화하면서도 부드러운 느낌을 준다.

이와 같은 원만한 인물의 묘사와 부드럽고 온화한 색채의 조화 등으
로 보아 이 그림은 조선시대 후기의 뛰어난 작품이라 할 수 있겠다.

대웅전 석가모니 후불탱화(釋迦牟尼後佛幀畵)

비단 바탕에 진한 채색의 이 그림은 가로 403센티미터, 세로 350센티
미터 크기로서 후불벽을 꽉 채운 대형 탱화다.

화면 중앙에 큼직하게 항마촉지인(降魔觸地印)을 한 석가모니 부처님
을 그리고 그 좌우로는 8보살(菩薩)을 배치하였다. 본존을 중심으로 위쪽

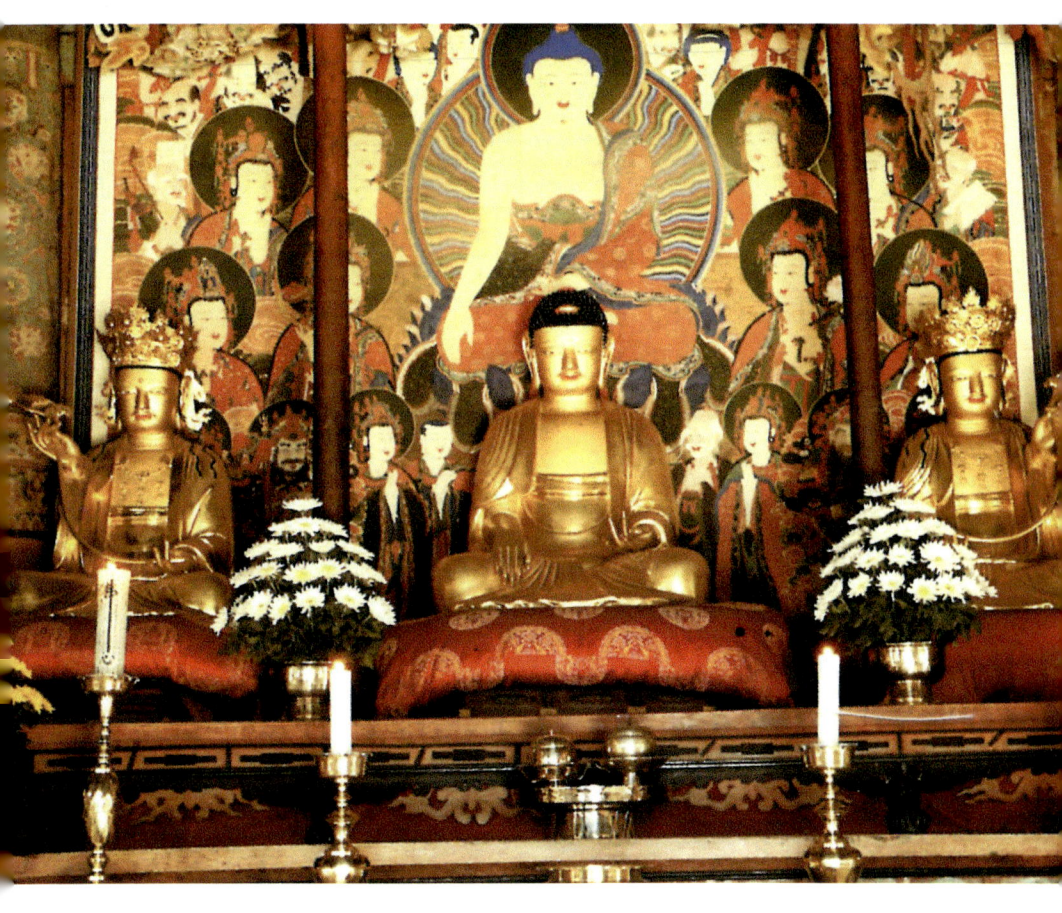

대웅전 석가모니 삼존불 좌상과 후불탱화 불상은 전형적인 조선 말기의 양식을 보여 주는 목조 삼존불 좌상이다. 후불탱화는 비단 바탕에 진한 채색을 사용하였고 가로 403센티미터, 세로 350센티미터 크기로 후불벽을 꽉 채운 대형 탱화다. 화기를 통해 1882년에 제작된 것임을 알 수 있고, 불상 또한 이 시기의 제작으로 추정된다.

에는 2구의 분신불(分身佛)을 비롯하여 10대 제자와 기타 신중(神衆)들을 각기 개성 있게 묘사하였으며, 본존 무릎 아래 오른쪽에는 아난을, 왼쪽에는 가섭존자를 그리고 있다. 아난, 가섭의 좌우로는 2보살과 사천왕을 표현하여 각기 갈색 계통의 구름으로써 구분 짓고 있음을 볼 수 있다.

이 그림의 화면 구성을 통해 볼 때 본존을 비롯한 8보살과 기타 인물 상들의 크기가 각각 다르게 되어 있음을 알 수 있다. 즉 중앙의 본존불과 8보살은 큼직하게 그린 반면에 상단과 하단의 기타 상들은 상대적으로 작게 나타내고 있는데, 이 점은 이 작품에서만 볼 수 있는 하나의 특징이라 하겠다.

또 하나의 특징으로는 아난과 가섭의 위치로서 본존상 어깨의 좌우측이나 머리 부분의 상단에 보살들과 같은 크기로 배치되는 것이 일반적인 예이나 이 그림에서는 무릎 아래에 작게 묘사되어 있다. 또한 협시인 문수와 보현보살로 여겨지는 2보살도 8보살보다 훨씬 작게 그려져 있어 전체적으로 화면의 중앙 부분에 중점을 두고 있는 듯하다.

우견편단(右肩偏袒)으로 오른쪽 어깨를 드러낸 채 결가부좌하고 있는 본존불은 원만한 상호로서 육계(肉髻)가 뾰족하고, 진한 녹색의 둥근 머리광배와 빨강·파랑·노랑·초록색으로 화염을 나타낸 몸광배를 지니고 있다. 또한 좌우의 8보살 역시 본존과 같이 원만하게 표현되었고, 짙은 녹색의 둥근 머리광배를 지니고 있어 8보살과 본존이 이루는 구성이 사다리꼴을 형성, 상승 효과를 나타내고 있음을 볼 수 있다.

색채는 홍색과 녹색이 주조를 이루나 본존의 머리와 분신불의 나발, 본존불 연화좌(蓮花座)의 연꽃과 아난의 머리 그리고 협시보살의 소매 끝단에 사용되고 있는 짙은 청색이 특징을 이룬다. 그리고 전체적으로 원만한 형태를 하고 있으며, 불·보살의 옷에 장식된 화려한 무늬와 은은한 색채 등으로 부드럽고 온화한 느낌을 준다. 화면 하단에 마련된 화기(畵記)로 미루어 보아 숭정 기원후 5임오(崇禎紀元後五壬午, 1882년) 3월에 조성하여 대웅전의 후불탱화로서 대웅전의 삼장탱(三藏幀)과 신중탱(神衆幀), 관음전의 관음탱(觀音幀)과 같은 시기에 봉안한 작품임을 알 수 있다.

대웅전 삼장탱화(三藏幀畵)

대웅전 후불탱화와 같은 시기인 숭정 기원후 5임오(1882년) 3월에 조성한 이 그림은 크기가 가로 269센티미터, 세로 259센티미터로서 대웅전 안 좌측벽(左側壁)에 봉안되어 있다.

맞은편 벽에 봉안된 신중탱화(神衆幀畵)와 거의 같은 수법으로 한 계파에 의하여 그려진 것으로 보이는데, 그것은 화기(畵記)의 금어(金魚)가 기전(琪銓)으로 동일하게 나타나고 있음을 보아 잘 알 수 있다.

삼장 그림은 지장보살(地藏菩薩) 그림이 발전·확대되어 나타난 그림으로 천장(天藏)·지지(地持)·지장보살을 나타내며, 한 폭에 그려지는 것이 일반적인 예이나 삼장과 협시 존자만 그리거나 협시와 모든 권속까지 그리는 두 가지 경우가 있다. 이 삼장탱화는 두 번째 경우로, 화면을 2단으로 구분하여 상단에 삼장보살을 그린 다음 하단에는 협시를 제외한 모든 권속을 배치하였다.

중앙의 천장보살은 화려한 보관에 두 손을 어깨까지 들어 올려서 설법인(說法印)을 취하고 있으며, 무릎 아래로는 협시인 진주보살(眞珠菩薩)과 대진주보살(大眞珠菩薩)이 합장하고 서 있다. 그리고 몸광배 주위로는 일월천상(日月天像)을 비롯한 천부중(天部衆)들과 권속들이 배치되어 있다. 왼쪽의 지지보살 역시 천장보살과 거의 같은 모양의 화려한 보관을 쓰고서 두 손으로 무엇인가를 감싸쥐는 듯한 자세를 취하고 있다.

지지보살의 경우 보통은 경책(經冊)을 지물(持物)로 들고 있으나 이 그림에서는 아무것도 들지 않았다. 역시 무릎 아래로는 용수보살(龍樹菩薩)과 다라니보살(陀羅尼菩薩)이 합장을 하고 서 있으며, 신광 주위에는 견뢰신중(堅牢神衆)과 금강신중(金剛神衆)을 비롯한 여러 권속이 배

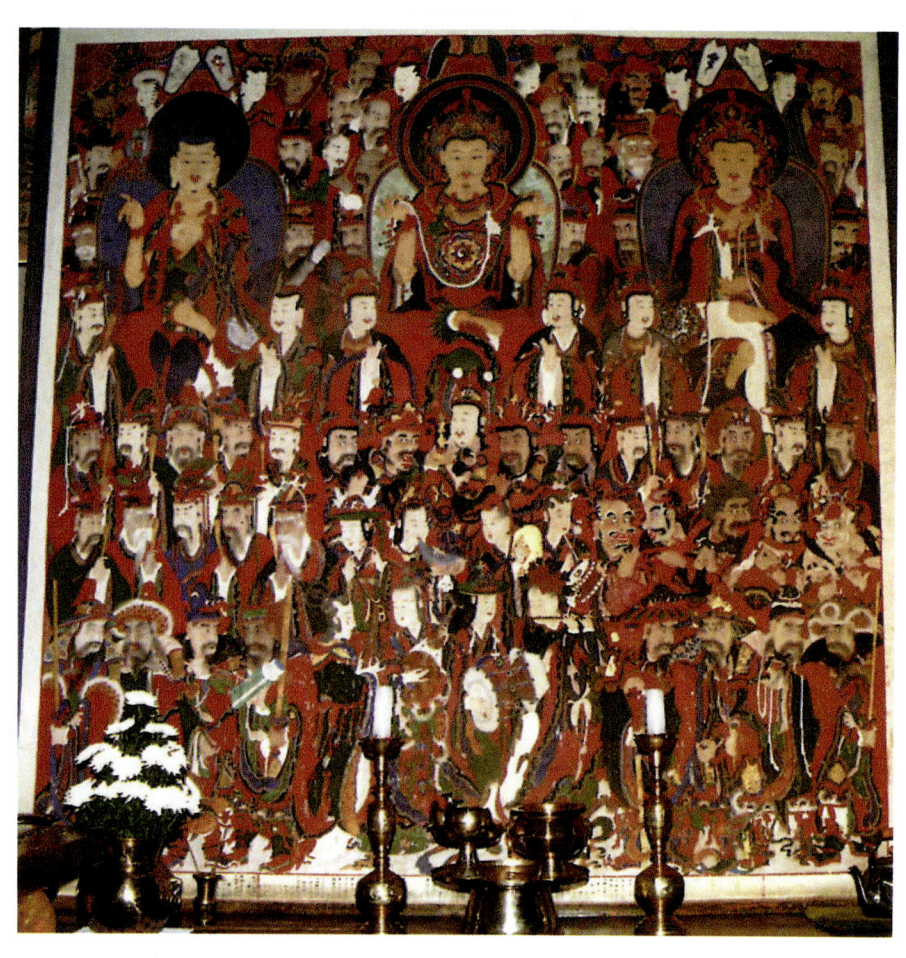

대웅전 삼장탱화   숭정 기원후 임오(1882년) 3월에 조성한 이 그림은 크기가 가로 269
센티미터, 세로 259센티미터로 대웅전 안 좌측 벽에 봉안되어 있다.

열되어 있다. 오른쪽의 지장보살은 오른손으로는 꼭대기에 화불이 모셔진 석장(錫杖)을 짚고 왼손으로는 투명한 구슬을 받쳐 들고 있다. 협시인 도명존자(道明尊者)와 홀(笏)을 든 왕 모습의 무독귀왕(無毒鬼王)이 무릎 아래에서 합장을 하고 있으며, 몸광배 주위로는 시왕(十王) 및 명부중(冥府衆), 사자(使者)들이 배치되어 있다.

한편 협시 보살들을 기준으로 하여 그 하단에는 머리에 깃털이 달린 투구를 쓴 천룡(天龍)이 가운데에 배치되고 좌우로는 사천왕이, 아래로는 여러 악기를 연주하는 주악동자상(奏樂童子像)들이 배치되어 마치 천룡을 에워싸고 있는 듯하다. 또한 화면의 맨 아랫단에는 무기를 든 팔부중(八部衆)을 그리고 그 위 둘째 단과 셋째 단에는 홀을 쥐고 있는 제성군중(諸星君衆)들과 기타 권속들이 열지어 있음을 볼 수 있다.

이처럼 이 삼장탱화는 화면에 많은 권속을 가득히 배열하여 군도(群圖) 형식을 보여 주고 있는데, 천장보살을 중심으로 지지보살과 지장보살을 수평으로 배치하고 있는 점은 18세기 중엽 이후의 불화들에서 보여지는 특징이다. 인물의 표현 또한 18세기 이후에 보이는 특징을 나타내어 세 보살은 근엄한 얼굴 표정에 안정된 자세와 화려한 보관 및 장식을 하고 있다.

이러한 점은 협시 보살들에서도 마찬가지로 나타나고 있다. 한편 이 밖의 여러 권속은 마치 인물화를 그리듯 세밀하고 개성 있게 표현하고 있어 보살들의 세계와 구분시키고 있다.

또한 진한 적색과 녹색이 주를 이루는 색조로 말미암아 전체적으로 무거운 느낌을 주지만 천장보살의 타원형 몸광배에는 엷은 청색 계통의 색을 사용하고 지지·지장보살의 몸광배 바탕에는 파란빛의 남색을 사용함으로써 삼장보살을 상소하고 있음을 볼 수 있다. 다른 한편으로 얼굴과 손발에는 흰색을 많이 사용, 전반적으로 경쾌한 분위기를 자아내려고 애쓴 점을 알 수 있다.

화기(畵記)는 다음과 같다.

崇禎紀元後五壬午三月　日

新造成大雄殿後佛幀畫　神衆幀

觀音幀　現王幀同事因以奉安

緣化秩

證明比丘　敬愚

誦呪比丘　瓚允　文性

金魚片手　德允　仁幸　珹基　慧卓　妙英　宜寬　琪銓　一善　敬悟　印文　琪演　道源

環優　永俊　斗化　永察　幸仁　翰變　尙義　龍般　仁義

持殿比丘　德化　奉淳　富允

奉齋比丘　戒英　性允

書記比丘　定聰　閏明　英善

鍾頭比丘　祥玉　寶正

供司比丘　欺仁　仁永

淨補黃　寬珠

負木韓氏

來往人金□□　奉訓

別座比丘　聖奎

都監比丘　成間

化主比丘　晟奎

上持殿比丘　洺宸　壯展

中持殿比丘　漢明

普□

施主秩

大施主解行堂中

安心堂中

比丘閏□

比丘知訓

比丘晟奎

比丘壯佑

比丘甲員

丙子甲員

庚子甲員

極樂□

通度寺

其餘施主等□

大幀中姑不煩

三綱僧統富□

書記戒贊

和尙就□

대웅전 신중탱화(神衆幀畫)

대웅전 안 오른쪽 벽에 봉안되어 있는 이 탱화는 가로 232센티미터, 세로 230센티미터로 정방형에 가깝다.

비단 바탕에 진한 채색을 사용하여 나타낸 이 그림에서는 화면을 5단으로 구분하여 맨 위의 상단에 여덟 개의 팔을 그려 두 팔은 합장하고 두 팔로는 경책과 요령을 들고 있는 제석천(帝釋天)을 중앙에 그렸다. 그리고 그 좌우에 제석천을 향하여 합장하고 있는 보살상을 배치하였다.

또 중앙의 제석천과 보살들 사이에는 해와 달을 상징하는 인물을 그리고, 위쪽에는 시중을 들고 있는 동자와 동녀를 표현하였다. 그 아래에 모든 신중을 각기 개성적인 모습으로 표현하고 있는데, 맨 아랫단의 무기를 들고 있는 팔부중들을 비롯하여 여러 신중이 좌우로 배치되어 있고, 가운데 부분에는 둘째·셋째·넷째 단에 이르기까지 각종 악기를 연주하는 주악상(奏樂像)들이 그려져 있다.

보통은 제석을 중심으로 모든 신중을 배치하는데, 무장한 모습은 보이지 않고 보살이나 왕의 모습으로 표현되는 것과 무장 모습의 신중들까지도 표현하는 경우가 있으며, 어떤 경우에는 제석천 좌우에 왕관을 쓴 왕이 협시하는 예도 있다. 그러나 가장 보편적인 것은 제석과 범천(梵天)을 나란히 그린 것인데, 이 경우에도 제석천이 중심이 되며 그 주위로 무장을 한 하늘의 군대인 천병(天兵), 즉 위태천(韋馱天)을 비롯하여 무기를 들고 있는 팔부중을 배치하는 것이 통례다.

이 신중 그림은 제석·천룡 그림과 비슷한 것으로, 윗부분에 제석천과 그의 권속인 왕 등 신중을 배치하고 아랫부분에는 주악동자(奏樂童子) 및 칼을 든 금강신(金剛神)과 무기를 든 신장(神將)들을 좌우로 나타내었음을 볼 수 있는데, 천룡 대신 금강신을 그리고 있는 점이 다르다고 하겠다.

이 신중 그림에는 제석천 외에도 54명이라는 많은 인물이 등장하고

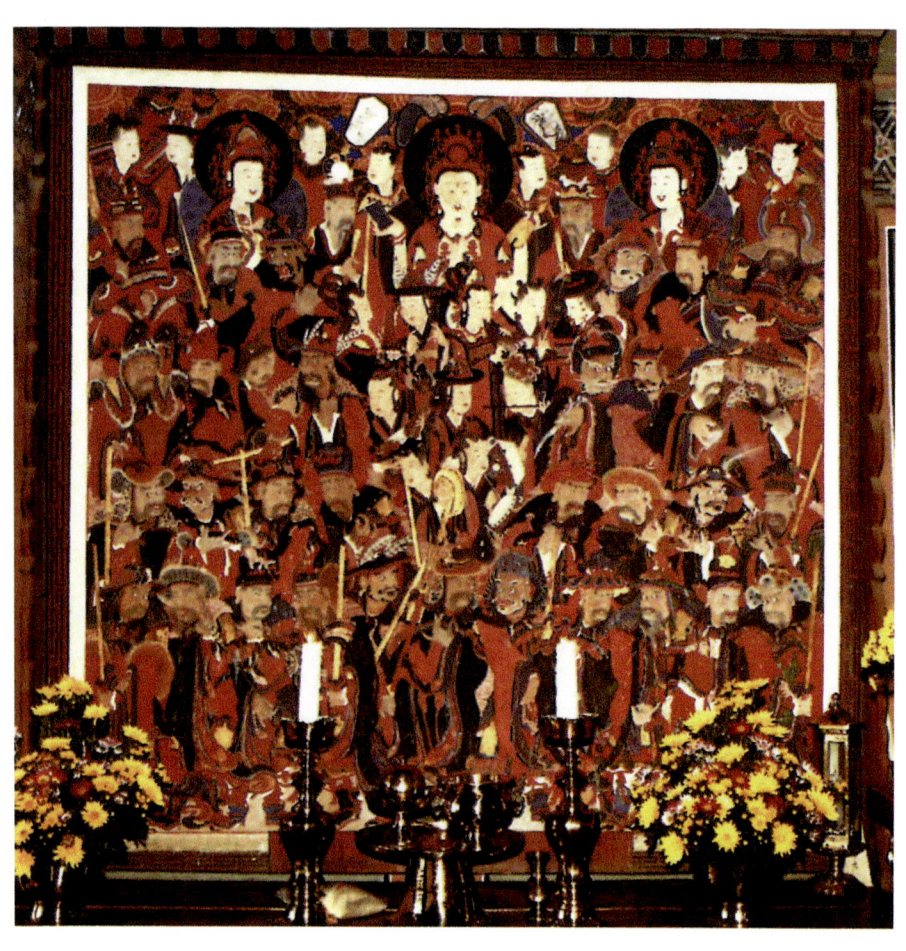

대웅전 신중탱화 이 신중 그림은 제석·천룡 그림과 비슷한 것으로, 윗부분에 제석천과 그의 권속인 왕 등 신중을 배치하였다. 아랫부분에는 주악동자 및 칼을 든 금강신과 무기를 든 신장들을 좌우로 나타내었음을 볼 수 있는데, 천룡 대신 금강신을 그리고 있는 점이 다르다.

있어 성군(星君)과 신장(神將) 등이 무리지어 나타나는 19세기까지의 신
중탱화의 모습을 잘 보여 준다.

채색을 살펴보면 짙은 홍색(紅色)이 주조를 이루는 가운데 존상(尊像)
의 얼굴 등에는 흰색을 많이 사용하고 있음을 볼 수 있다. 또한 구름과
구름 사이에는 짙은 남색을 사용하여 강렬한 효과를 보여 주는데, 이러
한 채색 방법은 주로 19세기 말경에 나타나는 특징이다. 화면의 구성이
전체적으로는 빈틈없이 복잡하지만 중후한 색감으로 말미암아 가라앉
은 분위기를 느낄 수 있다.

화면 하단에 마련된 화기로 보아 이 신중 그림은 대웅전 후불탱화와
함께 조성하여 봉안된 것임을 알 수 있다.

화기(畵記)는 다음과 같다.

崇禎紀元後五壬午三月 日造成
大雄殿後佛幀三藏幀觀音殿
後佛幀時同事因以奉安

緣化秩
證明比丘　敬愚
　　　　　文性
　　　　　德閏
誦呪比丘　琪演
　　　　　印源
　　　　　道文
　　　　　一演
　　　　　敬悟
　　　　　宜善
　　　　　琪銓
金魚片手　妙寬
　　　　　慧英
　　　　　璓卓
　　　　　瑛基
　　　　　□奎
　　　　　仁幸
　　　　　龍般
　　　　　尙義
　　　　　幸變
　　　　　輪察
　　　　　永仁
　　　　　斗化
　　　　　永俊

持殿比丘　璂優
　　　　　德華
奉齋比丘　奉淳
　　　　　富允
　　　　　戒允
書記比丘　性閏
鍾頭比丘　定聰
　　　　　寧永
供司比丘　祥玉
　　　　　欺仁
淨補清信士　仁永
別座比丘　寬珠
都監比丘　奉訓
　　　　　普光
化主比丘　成閏
　　　　　壯佑
上持殿比丘　晟奎
中持殿比丘　漢明
　　　　　演伸
大施主解行堂中
其餘施主具在大
幀中姑不煩

관음전 관음탱화(觀音幀畵)

가로 220센티미터, 세로 226센티미터 크기로 거의 정방형에 가까운 이 그림은 관세음보살(觀世音菩薩)을 주존으로 삼은 단독 관음도(觀音圖)로서 관음전의 후불벽에 모셔져 있다.

관세음보살은 대승 불교의 2대 성격, 즉 "위로는 진리를 찾고 아래로는 중생을 제도한다."는 상구보리(上求菩提) 하화중생(下化衆生)의 이상 가운데 중생 제도를 실천하는 자비의 화신(化身)으로서 언제나 남인도의 보타락가산(補陀洛迦山)에 거주하면서 중생을 제도하는 보살을 일컫는다.

보타락가산은 남인도의 엄곡(嚴谷)에 있는 바다에 면한 산으로, 수많은 성현(聖賢)이 살고 있고 온갖 보배로 꾸며져 있으며, 지극히 청정하고 꽃과 과일이 풍부한 숲이 우거진 데다가 맑은 물이 솟아나는 연못이 있다고 한다. 이 연못 옆 금강보석(金剛寶石) 위에 결가부좌(結跏趺坐)하고 있는 보살이 바로 관음보살로, 이렇게 앉아 중생을 이롭게 하며 선재동자(善財童子)의 방문을 받고 설법(說法)을 하기도 한다는 것이다.

『화엄경(華嚴經)』과 화엄종 신앙이 유행함에 따라 보타락가산에 살고 있는 관음보살을 선재동자가 방문하여 청문하는 장면을 소재로 한 도상의 그림들이 크게 유행하게 되는데, 우리나라에서는 특히 이러한 도상들이 많이 그려진 듯하다. 『삼국유사』에는 다음과 같이 기록되어 있다.

옛날 의상 법사(義湘法師)가 당(唐)에서 돌아와 관음보살의 진신(眞身)이 해변 굴속에서 산다는 말을 듣고 재계(齋戒)한 지 7일 만에 좌구(坐其)를 물 위에 띄웠더니 용중(龍衆)과 천중(天衆) 등 팔부중이 굴속으로 스님을 인도하여 공중을 향해 참례하니 수정 염주(水晶念珠) 한 꾸러미를 내어 주어 이를 받아 물러 나왔다. 동해의 용이 여의보주(如意寶珠) 한 알을 바쳐 의상 스님이 이를 받아 가지고 나와 다시 7일 동안을 재계하니 드디어 관음의 진신을 보게 되었다. 관음보살이 "좌상(座上)의 꼭대기에

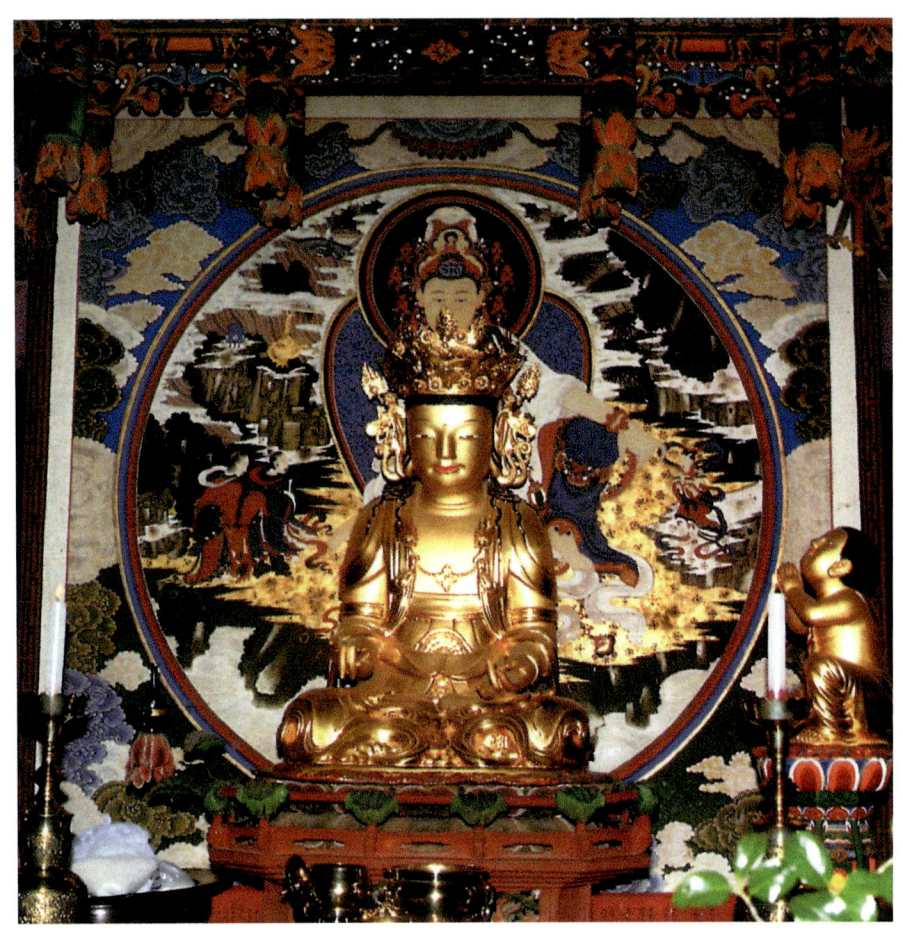

관음전 관음탱화 　가로 220센티미터, 세로 226센티미터의 크기로 거의 정방형에 가까운 이 그림은 관세음보살을 주존으로 삼은 단독 관음도로서 관음전의 후불벽에 모셔져 있다.

한 쌍의 대나무가 솟아날 것이니 그 땅에 마땅히 불전(佛殿)을 지을 것이
니라.”하고 말하는 것을 듣고 밖으로 나오니 과연 대가 땅에서 솟아 나
왔다. 이에 금당을 짓고 관음상을 만들어 모셨더니 원만한 얼굴과 자태
가 마치 천연적인 것 같았다.

이 관음상이 바로 ‘수월관음상(水月觀音像)’이다. 고려시대의 수월관
음상은 중국과 달리 독특한 특징을 지니는데 선재동자, 암굴(岩窟), 염
주, 공양자, 보주를 든 용, 청조(靑鳥), 한 쌍의 청죽(靑竹) 등을 예로 들
수 있다. 이는 의상 대사가 친견했다고 하는 낙산(洛山)의 수월관음을
도상화한 형식이 계속 유행했었기 때문이 아닌가 한다.

이러한 도상을 충실히 따르고 있는 것으로 보아 범어사의 관음 그림 역
시 수월관음도임을 알 수 있다. 그림을 살펴보면 네모꼴 화면에 달의 형태
를 암시하는 원을 그린 다음 색색의 꽃과 같은 구름으로 외부를 장식하여
구름 속의 달을 연상케 하였다. 그리고 그 가운데에 관음보살과 선재동자,
여의주를 받쳐 들고 있는 듯한 남녀 인물상, 용(龍)을 표현하였다.

정면관(正面觀)의 관음보살은 청색 치마에 백의(白衣)를 걸친 백의수
월관음(白衣水月觀音)으로서 왼쪽 무릎을 세우고 오른쪽 무릎을 눕힌 자
세로 앉아 왼쪽 무릎에 얹은 왼팔로 붉은색의 천의(天衣) 자락을 잡고 있
다. 이 수월관음은 두광과 신광을 갖춘 화불(化佛)이 모셔진 화려한 보
관을 쓰고 가슴, 배, 무릎에 걸쳐 영락 장식을 하는 등 장식적인 의도가
두드러져 보인다. 또 이러한 장식 외에도 녹색의 둥근 머리광배와 청색
바탕에 꽃무늬가 빽빽하게 수놓아진 다원형의 몸광배를 하고 있으며,
어깨 위로는 구불구불 흘러내린 보발이 청색으로 표현되어 있어서 전체
적으로 아주 강렬한 느낌을 주고 있다.

한편 넘실거리는 연못 위에 깎아지를 듯 솟아오른 바위와 머리 위에
고드름처럼 늘어진 바위는 암굴을 나타낸 것인데, 굴의 천장이 시작되

는 입구 오른쪽에는 붉은 부리의 청조(靑鳥)가 관음 쪽으로 내려오는 모양이 그려져 있고, 왼쪽에는 대나무 숲이 표현되어 있다.

왼쪽 무릎 앞의 별도로 솟아난 바위 위에는 관음을 향하여 합장을 한 채 청문하는 선재동자가 서 있고, 오른쪽에는 청색과 홍색 옷을 입은 남녀 인물상이 허리를 구부린 채 관음을 향하고 있다. 그리고 오른쪽 뒤의 바위에는 청색의 3족 향로와 금빛 병이 놓여 있다. 밝은 진홍색과 청색이 주조색으로 사용되어 강렬한 인상을 풍긴다.

이 그림을 구성면에서 살펴보면 전체적으로 안정감과 짜임새가 있다. 그러나 천의의 구불거리는 곡선의 흐름에서 도식적인 기법이 드러나고 있다. 화면 하단에 씌어 있는 화기로 보아 이 관음전 관음탱화는 대웅전의 후불탱화와 삼장탱화, 신중탱화와 함께 동일인에 의하여 숭정기원후 5임오(1882년) 3월에 조성, 봉안되었음을 알 수 있다.

화기는 다음과 같다.

```
崇禎紀元後五壬午三月日造成
大雄殿後佛三藏幀神衆幀時
同事因以奉安

證明比丘 璱愚
練化秩   文性

誦呪比丘 德允
金魚比丘 宜演
         琪銓
         琪演
持殿比丘 妙英
奉齋比丘 晟英
書記比丘 性閏
鍾頭比丘 定□
供司比丘 祥□
別座比丘 永
都監比丘 成閏
化主比丘 壯佑
浄補清信士普元
施主比丘 晟奎
比丘慈月閏

東谷知訓
兩華晟奎
海山壯佑
丙子甲貝
庚子甲貝
七星契貝
本寺秩

幾礒惠柱
錦溪性律
松溪興添
祥雲奉玟
草庵奇一
和尙□
三綱僧統富演
書記戒璱

大德春虎戒允
印潭璨閏
錦海修璨
慈月修□
桂雲閏希
龍潭性閏
影松義□
東谷知訓
海雲知□
錦虎宇□
隱菴成聽
應虛平和
旣松斗玟
雲潭謹敏
義菴惟□
鏡潭斗彦
晩山正添
暁山儀鳳
印海儀鳳
理龍余一
```

나한전 석가모니 후불탱화(釋迦牟尼後佛幀畵)

'응진전(應眞殿)'이라고도 하는 나한전은 16나한을 특별하게 모시는 전각을 말한다.

16나한은 모두 석가여래의 제자로서 석가의 열반 뒤 미륵불이 나타날 때까지 열반에 들지 않고 이 세상에 남아서 불법(佛法)을 수호하도록 위임받은 분들이다. 나한전은 16나한상과 더불어 나한도를 모시고 주불(主佛)로는 석가 삼존을 모시며 후불 그림으로는 석가여래 도를 봉안하게 된다. 그런데 나한전의 석가 삼존은 보통 수기 삼존(授記三尊)으로서 석가와 제화갈라(提華羯羅), 미륵보살을 모신다. 그러나 반드시 그런 것은 아니어서 영산회상도를 봉안하는 경우도 더러 있다.

이 나한전 석가 후불화는 비단 바탕에 채색을 한 가로 262센티미터, 세로 206센티미터의 그림으로 좌우가 길다. 보통의 영산회상도에 비하여 크게 생략된 형식으로 항마촉지인의 석가를 중앙에 크게 그린 후 그 주위에 협시와 2보살, 사천왕, 10대 제자들을 배치했다. 본존은 우견편단으로 오른쪽 어깨가 드러나 있으며 녹색 내의를 가슴 위까지 올려 붉은 끈으로 묶었다. 그리고 법의(法衣)는 밝은 진홍색으로 선명하며, 끝단은 꽃무늬로 처리하여 화사한 느낌을 준다. 또 머리는 나발만을 청색으로 한 뒤 머리 위 전체를 계주(髻珠)로 삼고 있어서 마치 큼직한 바가지를 뒤집어쓰고 있는 듯하다. 그리고 무릎 양쪽에는 연꽃 가지를 든 제화갈라와 여의를 든 미륵보살이 서 있으며, 그 위로는 두 보살이 합장하고 서 있다.

이들 가운데 제화갈라는 흰색 치마에 녹색 옷을 걸쳤고, 미륵은 붉은색의 옷을 걸치고 있다. 10대 제자는 본존을 향해 합장하고 있는 모습이며, 사천왕은 위아래로 그려져 있는데 특히 왼쪽 하단의 사천왕은 허리를 구부린 측면관으로서 이채를 띤다.

전체적으로 밝은 진홍색과 녹색이 주조를 이루어 화사하면서도 강

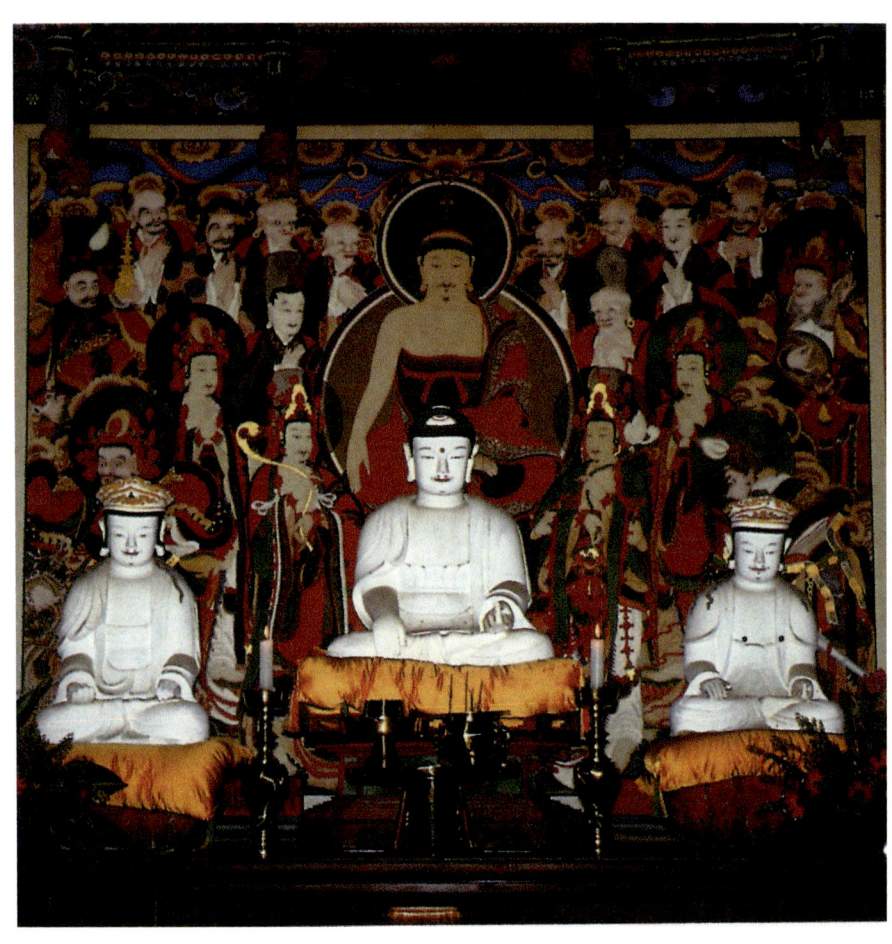

나한전의 석가 삼존불 좌상과 후불탱화　후불화는 화기를 통해 대한 광부 9년인 1905년 9월에 조성하여 본래 청련암 나한전에 봉안했던 것임을 알 수 있다.

렬한 느낌을 주고 있고, 세부적으로는 치밀한 묘사를 엿볼 수 있으나 옷 주름이나 선의 흐름이 약간 경직되어 있음도 볼 수 있다.

화기(畫記)로 보아 대한 광무 9년(大韓光武九年)인 1905년 9월에 조성하여 본래는 청련암(靑蓮庵) 나한전에 봉안되었던 것임을 알 수 있다.

나한전 나한탱화(羅漢幀畵)

나한전에는 16나한상과 함께 16나한도가 그려져 있는데 그 표현이 다분히 설명적이다. 이 그림은 각기 한 분 한 분을 따로 그리지 않고 좌우에 세 폭의 화면을 마련하여 한 폭에 두세 분을 함께 표현하고 있다. 대개 16나한도에는 왼쪽에 홀수 번호, 오른쪽에 짝수 번호의 나한이 배치되어 있는데 이곳의 나한도에는 좌측에 아홉 분, 우측에 일곱 분이 배치되어 있어 구체적으로 어느 분이 옮겨 그려졌는지는 알 수가 없다.

심산유곡을 배경으로 하는 각 나한에는 꽃이 피고 학이 날며 사슴이 뛰놀고 새들이 울어대는 깊은 계곡에 짙은 청색과 녹색 계열의 중첩된 산과 우거진 나무, 하늘이 표현되어 있어 매우 장식적이다.

동자나 공양자를 동반하고 붉은색의 옷을 입고 있는 각각의 나한은 저마다 독특한 자세를 보인다. 윗옷을 벗어 가슴과 배를 드러내고 있기도 하고, 귀를 후비고 있거나 설법을 하고 신통력을 발휘하거나 독서를 하며 계곡에 발을 담그고 쉬는 등 다양한 모습을 하고 있다.

전체적으로 보아 산수의 표현은 환상적인 수법을 보이며 화려하고 장식적인 분위기를 강하게 풍겨 주고 있다. 그리고 나한의 모습에서 다소 경직된 면이 엿보이기도 하지만 희화적으로 표현되어 친근감을 주는 설명적인 그림이다.

화기로 보아 나한전 석가후불화와 같은 해인 1905년 금어 비구 금호 약효(錦湖 若效)라는 동일인에 의하여 조성, 봉안된 것으로 보이는데 각 화폭의 크기는 가로 241.5센티미터, 세로 177센티미터로 동일하다.

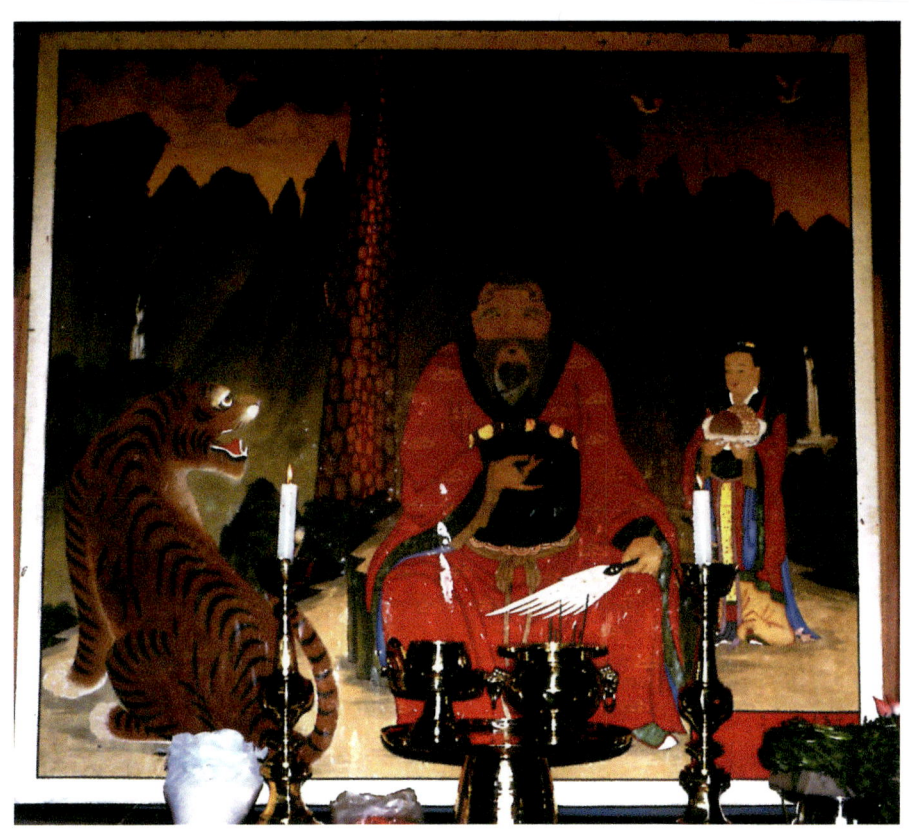

산령각 산신탱화 산신 그림에는 항상 심산유곡을 배경으로 기암괴석 위에 앉아 있는 백발이 성성한 신선이 그려지는데, 이때 호랑이 변화신인 신선이 가운데에 큼직하게 그려지고 호랑이의 모습은 애교 있고 무섭지 않게 그려지는 것이 통례다.

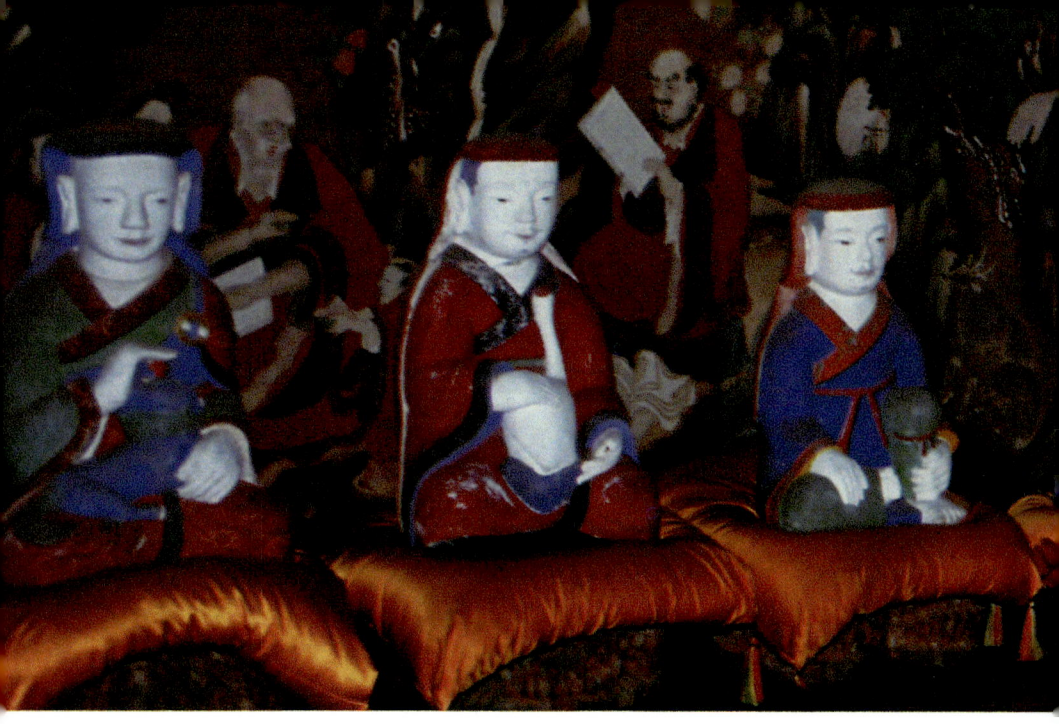

데, 왼쪽의 문수보살상을 보면 왼손으로는 꽃봉오리 부분을 잡고 오른손으로는 긴 가지의 끝부분을 받쳐 들고 있다. 그리고 오른쪽에 결가부좌한 보현보살상은 문수보살상과 손의 좌우만 바뀌었을 뿐 같은 도상으로 되어 있고 크기도 높이 125센티미터, 무릎 폭 88센티미터로 동일하다.

세 존상은 모두 허리를 똑바로 세우고 앉아 있어 조선 말기의 구부린 자세와는 자못 다르다. 대체로 이 삼존상은 후불 그림이 조성된 1882년을 전후하여 조성되었을 것으로 추정된다.

나한전 소조(塑造) 석가모니 삼존불 좌상(釋迦牟尼三尊佛坐像)

나한전 중앙 불단에 모셔져 있는 이 삼존불상은 제화갈라보살과 미륵보살을 협시로 한 석가 삼존상으로 본존상의 크기는 높이가 80센티미터, 무릎 폭이 62센티미터이며 협시는 각각 높이 70센티미터, 무릎 폭 47센티미터로 동일하다.

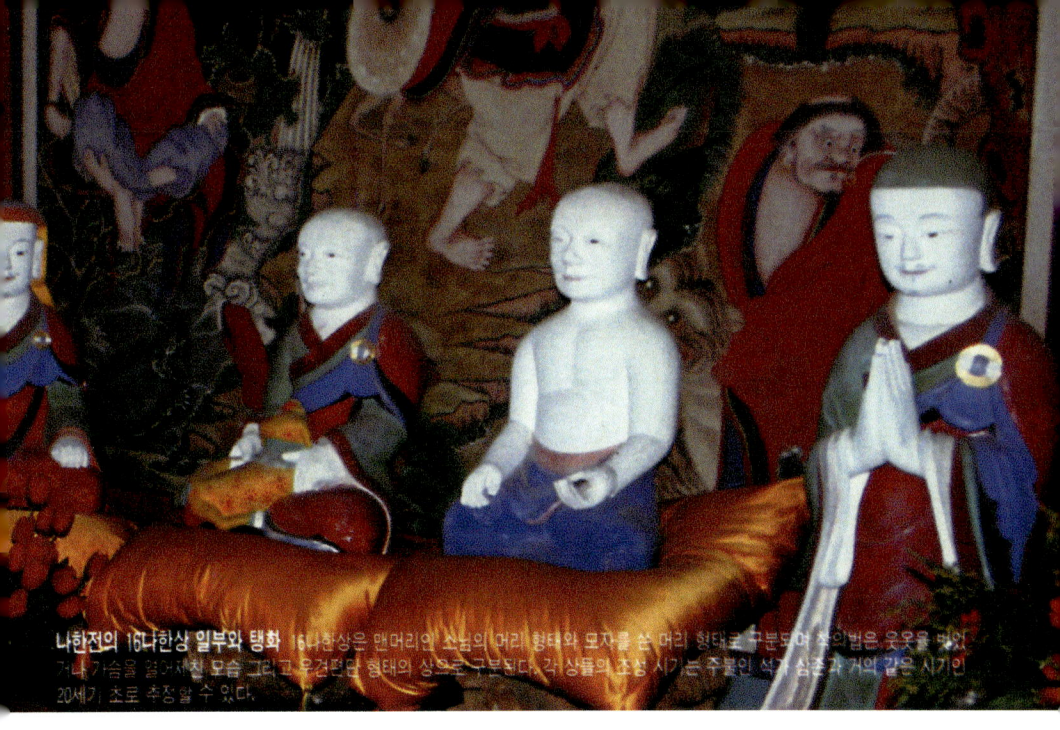

나한전의 16나한상 일부와 탱화 16나한상은 맨머리인 스님의 머리 형태와 모자를 쓴 머리 형태로 구분되며 장의 법은 운운을 했었거나 가슴을 열고 재친 모습 그리고 우견편단 형태의 상으로 구분된다. 각 상들의 조성 시기는 주본인 석가 삼존과 거의 같은 시기인 20세기 초로 추정할 수 있다.

　본존은 통견에 목이 쑥 들어간 모습으로 얼굴은 네모꼴로 매우 딱딱하며, 나발의 머리는 육계가 둥글고 계주가 크며 두 귀는 짧게 어깨 위로 드러나 있다. 좌우 협시도 통견에 손 모양은 본존과 마찬가지로 항마촉지인상을 하고 있으며, 보발이 어깨 위로 흘러내리고 있다.

　나무 대좌 위에 앉아 있는 이 삼존상은 옷 주름이 간략하고 형식적인데다가 신체가 밋밋하여 부피감이 결여되어 있음을 볼 수 있다. 나한전 석가 후불 그림이 1905년에 조성된 것으로 미루어 보아 이 삼존상 역시 같은 시기에 조성되었을 것으로 여겨진다.

나한전 소조(塑造) 16나한상(十六羅漢像)

　나한전 내부의 정면과 좌우 측면에 별도의 단을 마련하여 입상(立像)의 아난, 가섭과 판관(判官) 및 사자(使者), 좌상(坐像)의 16나한을 안치하였다.

16나한상은 맨머리인 스님의 머리 형태와 모자를 쓴 머리 형태로 구분되며, 착의법은 웃옷을 벗었거나 가슴을 열어제친 모습 그리고 우견 편단 형태의 상으로 구분된다. 자세 또한 결가부좌 자세와 무릎을 세운 자세로 나누어지며, 손의 모습도 각기 달라 해태 모양의 사자를 무릎에 안고 쓰다듬고 있다든가 옷자락 속에 집어넣고 있으며, 세운 무릎을 감싸 깍지를 끼고 있기도 하다.

맨 끝에 서 있는 판관과 사자상을 보면 판관은 관을 쓰고서 합장하거나 소맷자락 속에 손을 집어넣고 있으며, 사자상은 두건을 쓰고서 손을 앞에 모아 소매 속에서 맞잡고 있는 것과 입을 약간 벌리고 오른손을 앞으로 내밀어 무엇인가를 잡고서 말하는 듯한 모습의 상으로 구분된다.

각 상의 조성 시기는 주불인 석가 삼존과 거의 같은 시기인 20세기 초로 추정할 수 있겠다. 나한상의 높이는 53센티미터이며 아난과 가섭은 각각 93센티미터, 95센티미터이다. 그리고 판관상은 86센티미터, 사자상은 73센티미터의 크기이다.

팔상전 목조(木造) 석가모니 삼존불 좌상(釋迦牟尼三尊佛坐像)

팔상전 중앙 불단에 안치된 삼존상으로, 중앙의 본존은 석가모니상이다. 허리를 똑바로 세워 정면을 응시하고 있는 이 상은 통견의 어깨가 약간 움츠러들어 목이 쑥 들어간 느낌을 주며, 얼굴이 약간 둥글어 원만상을 짓고 있다. 나발의 육계는 둥글고 계주가 강조되어 있으며, 옷 주름은 간소화되어 형식적으로 처리되었고, 얼굴과 몸 전체에 걸쳐 부피감이 떨어진다.

좌우 보살상 역시 도식적으로 머리에는 간단한 삼산형(三山形) 보관을 썼으며 허리를 곧추세우고 있다. 손 모양도 본존과 같은 모습으로 좌우가 대칭으로 되어 있다.

얼굴이나 신체의 표현에서 사실성이 결여되어 조선 말기의 경직된

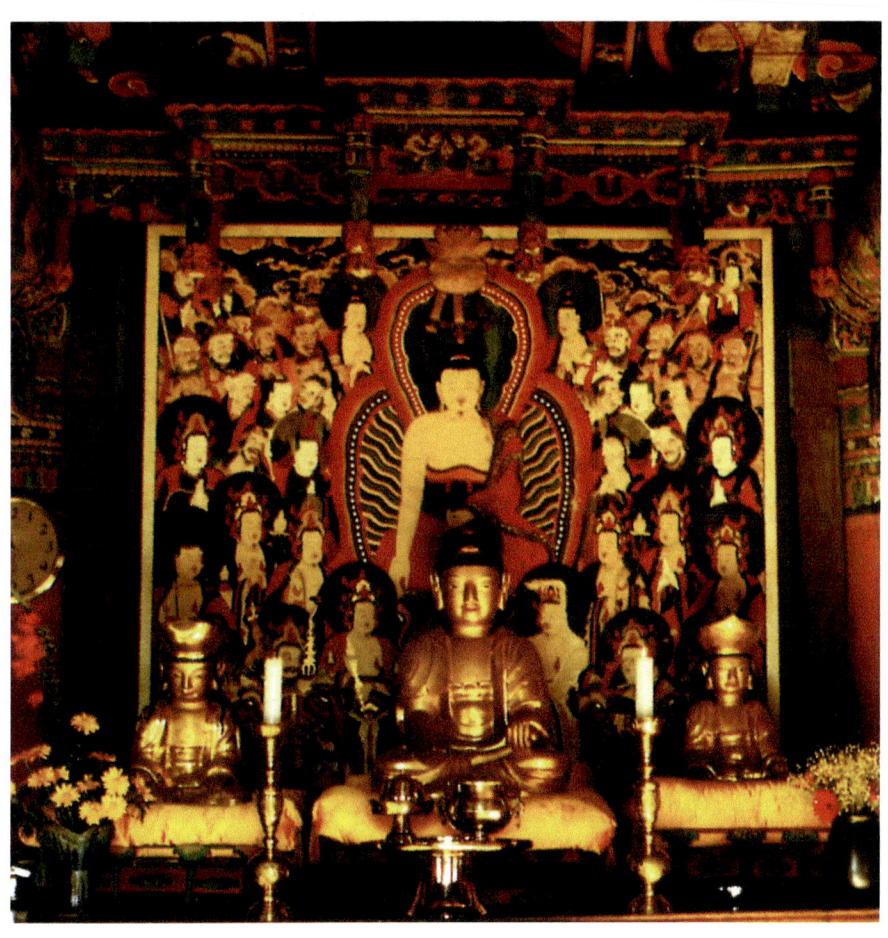

팔상전 목조 석가모니 삼존불 좌상　얼굴이나 신체의 표현에서 사실성이 결여되어 조
선 말기의 경직된 양식적 특징을 보여 주는 이 삼존상은 대개 후불 그림과 마찬가지로
조선 후기에 제작된 것으로 보인다.

양식적 특징을 보여 주는 이 삼존상은 대개 후불 그림과 같은 시기에 조성되었으리라 여겨진다. 크기는 본존이 83센티미터×58센티미터이고, 양 협시는 63센티미터×39센티미터이다.

관음전 목조(木造) 관세음보살 좌상(觀世音菩薩坐像)

목조 관음상으로 높이가 112센티미터, 무릎 폭이 70센티미터 크기다. 허리를 똑바로 세운 채 머리를 살짝 숙여 약간 움츠린 듯한 모습을 하고 있으며, 머리에는 갖가지 장식으로 호화롭게 꾸며진 보관을 쓰고 있다. 기다란 귀를 감아 흘러내린 보발이 어깨 위에서 감겨 내리고, 가슴에는 간단한 구슬이 장식되어 있다.

양손은 옆구리에 대어 아미타인을 취하고 있으며, 천의 자락이 가로 질러 걸쳐져 있다. 그리고 결가부좌한 양 무릎 위로 흘러내린 천의 자락이 소용돌이처럼 휘감겨 있어 매우 율동적이다. 얼굴은 약간 둥근 편으로, 입가에는 미소를 머금고 있으며 코는 뭉툭하면서도 오똑하다.

얼굴에서부터 몸 전체에 걸쳐 양감 없이 밋밋하게 처리된 점으로 보아 이 관음상은 후불 그림과 거의 같은 시기인 1882년경을 전후하여 조성되었을 것으로 추정된다.

미륵전 목조(木造) 미륵불 좌상(彌勒佛坐像)

미륵전 안 우측에 서향하여 있는 이 상은 8각 석대좌 위에 앉아 아미타 수인(手印)을 취하고 있는 미륵불 좌상이다. 대좌는 마루에 아랫부분이 묻혀 있어 정확하지는 않지만 복련석 위에 배가 약간 불러 있는 중대석이 놓여 있고, 앙련은 나무로 만들어졌음을 볼 수 있다.

이 상은 허리를 약간 구부린 듯한 자세를 취하고 있는데, 목이 짧으며 네모난 얼굴에는 콧등이 납작한 큰 코가 붙어 있고, 굳게 다문 입가에는 엷은 미소가 번져 있다.

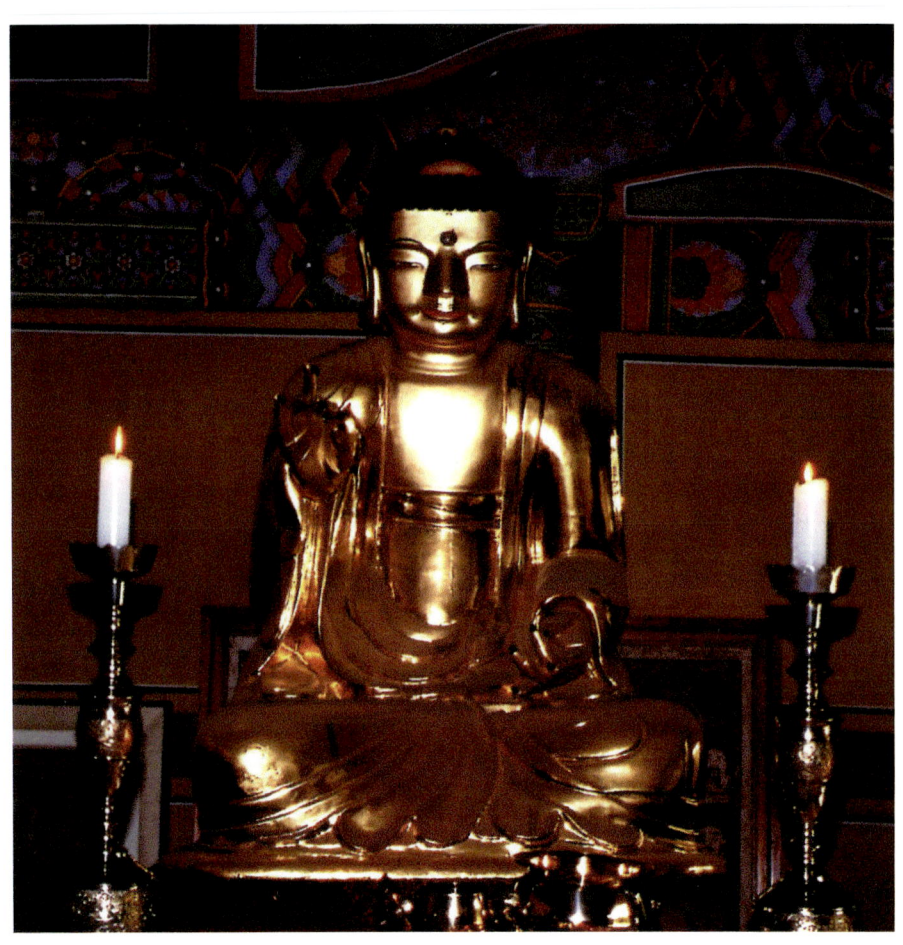

미륵전 목조 미륵불 좌상　비교적 사실적인 각 손가락의 끝마디와 엄지손가락의 근육 부분, 양쪽 귓불과 정상 계주에 각 한 개씩 붙어 있는 나발은 이 불상에서만 볼 수 있는 특징이다.

약간 거친 나발의 육계는 둥글고 계주가 강조되었으며, 귀는 늘어져 어깨에 닿을 듯하다. 통견의 어깨는 풍만하고 원만하며, 가슴의 표현도 다른 상들과는 달리 약간 둥그스름하게 표현되어 있어 부피감이 엿보인다. 비교적 사실적인 각 손가락의 끝마디와 엄지손가락의 근육 부분, 양쪽 귓불과 정상 계주에 각 한 개씩 붙어 있는 나발은 이 불상에서만 볼 수 있는 특징이다.

이 상의 제작 연대는 비교적 자연스럽게 늘어진 옷 주름과 사실적인 신체 표현 등으로 가늠할 수 있는데 대략 17, 18세기경에 조성되었을 것으로 추정된다.

비로전 목조(木造) 비로자나 삼존불 좌상(毘盧舍那三尊佛坐像)

비로전 중앙 불단에 봉안된 삼존불상 가운데 본존은 뺨이 조금 부풀어 있고 입가에 가벼운 미소를 짓고 있으며 귀가 길게 늘어져 어깨에까지 내려와 있다.

통견에 움츠린 자세를 취하며 두 손을 가슴 앞에 들어 비로자나 수인을 하고 있는데, 한 가지 흥미로운 것은 오른 손바닥을 밖으로 하여 왼손으로 검지를 감싸쥐고 있는 점이다. 그것은 아마도 후대에 보수를 할 때 잘못한 것이 아닌가 한다.

좌우측의 협시는 문수와 보현보살로, 화려한 보관에 보발이 어깨 위로 늘어져 있고 목에는 간단한 목걸이 장식을 하였다. 두 손에는 연꽃가지가 들려져 있는데, 한 손으로는 꽃봉오리를 잡고 한 손으로는 꽃가지를 잡고 있다.

신체 표현에 있어서는 삼존상 모두 양감이 부족하여 밋밋하지만 무릎 폭을 넓게 하여 안정감 있는 자세를 하고 있다.

대략 조선 후기 또는 조선 말기에 조성되었으리라 여겨지는 이 상의 크기는 본존이 126센티미터×96센티미터이고, 협시는 108센티미터×73센티미터이다.

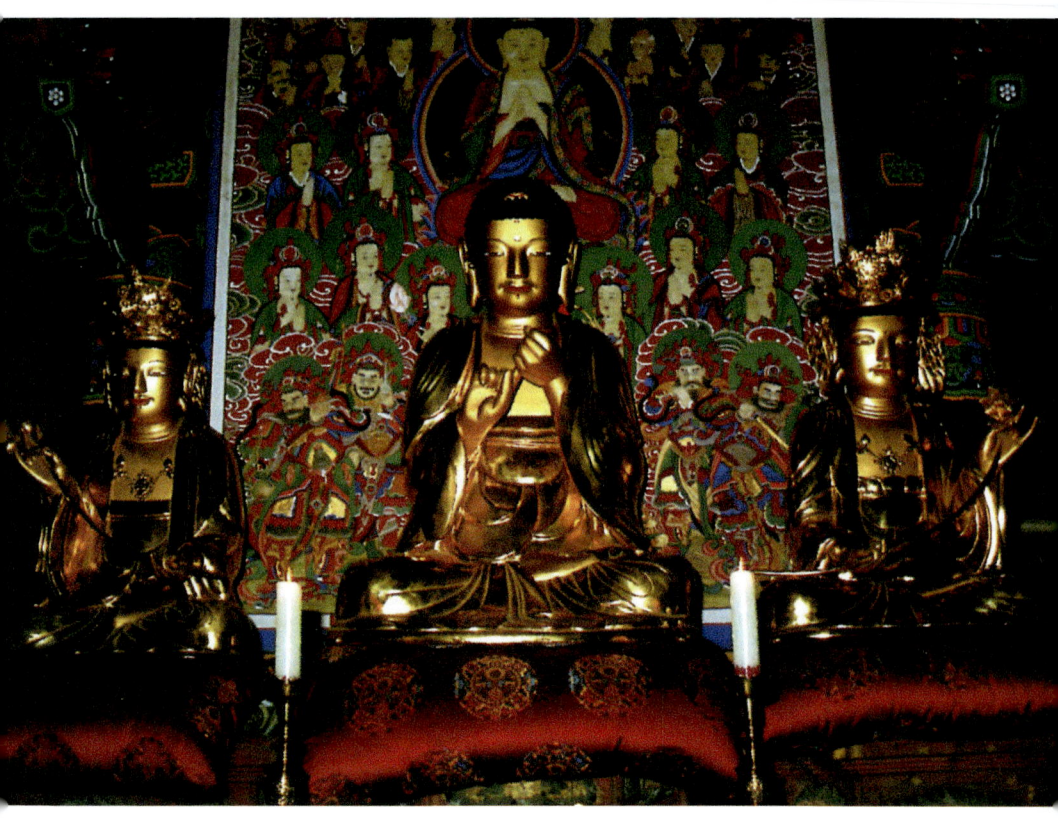

비로전 목조 비로자나 삼존불 좌상 중앙 비로자나불상은 통견에 움츠린 자세를 취하며 두 손을 가슴 앞에 들어 지권인을 하고 있다. 한 가지 흥미로운 것은 오른 손바닥을 밖으로 하여 왼손으로 검지를 감싸쥐고 있는 점이다. 아마도 후대에 보수를 할 때 잘못한 것이 아닌가 한다.

지장전 지장 삼존상(地藏三尊像) 및 제상(諸像)

지금의 전각은 최근에 전소되어 버린 명부전을 대신하여 만든 전각으로, 내부의 지장보살 좌상(105센티미터) 및 도명존자상(109센티미터), 무독귀왕상(128센티미터), 시왕상(144센티미터), 판관상(80센티미터), 녹사상(77센티미터), 동자상(64센티미터), 인왕상(182센티미터) 등은 모두 근래에 조성된 것들이다.

공예물(工藝物)

청동종(青銅鐘)

현재 종루에 있는 이 종은 조선시대 종인데 높이 127센티미터, 입지름 92센티미터로 비교적 큰 편이다.

종의 입 부분은 사다리꼴로 벌어져 있으며, 정상에는 두 마리로 된 용뉴(龍鈕)가 달려 있다. 아무런 장식이 없는 종신(鐘身) 어깨에는 범어(梵語)가 둘러져 있고, 배 부분에는 방형 유곽이 마련되어 있는데 빗금무늬로 테두리를 장식하였고 그 내부에는 각 아홉 개씩의 꼭지를 돌출시켰다.

그리고 유곽 사이 네 곳에는 매우 섬약한 보살상이 조각되어 있기도 하지만 종의 몸체에는 당좌를 비롯하여 아무런 문양도 없이 횡대의 띠만 둘러져 있음을 볼 수 있다.

이와 같은 특징은 조선시대 종에서 보여지는 공통점으로, 종의 조성연대를 비롯하여 시주자에 이르기까지 긴 내용을 빽빽하게 새긴 명문(銘文)도 함께 볼 수 있다. 몸체에 새겨진 명문으로 미루어 이 종은 옹정무신년(雍正戊申年)인 영조 4년(1728) 11월에 조성된 것으로, 무게는 800근이다.

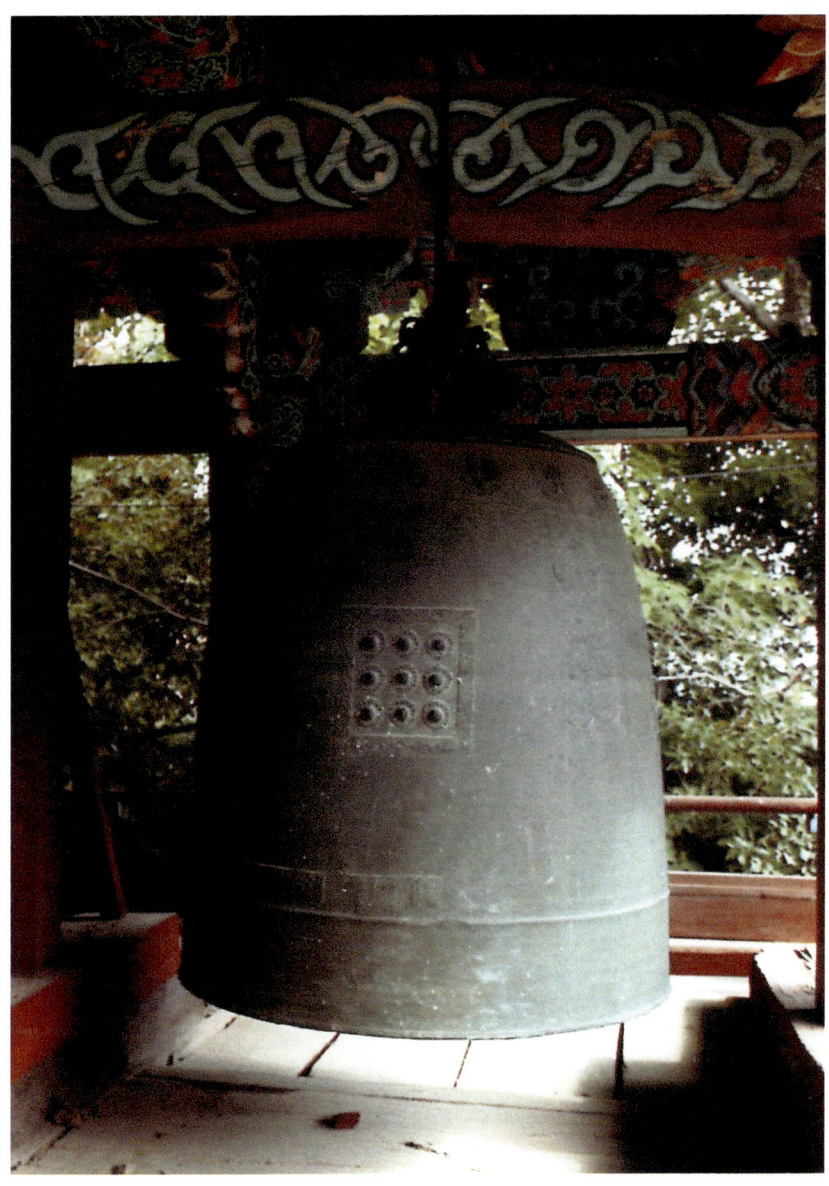

청동종 현재 종루에 걸려 있는 이 종은 높이 127센티미터, 입지름 92센티미터의 조선시대 종이다.

금고(金鼓)

대웅전 오른쪽 문틀에 걸려 있는 이 금고는 바깥지름 90센티미터, 안지름 71센티미터, 두께 15센티미터 크기의 대형 금고로서 좌우측면에 점각으로 글씨가 새겨져 있다. 기형(器形)은 뒷면이 뚫려 있는 징 모양으로 고리가 세 개 달려 있고, 앞면에는 두 가닥의 선으로 원이 형성되어 있을 뿐 아무런 장식도 없다.

좌측면의 명문으로 보아 이 금고는 대웅전 금구(金口)로서 동치 원년(同治 元年, 1862) 5월에 조성된 것으로, 그 무게가 252근 7량임을 알 수 있다. 또한 오른쪽의 명문을 통해 이 금고는 "갑인생 윤성희 양주(甲寅生 尹性禧 兩主)"의 시주로 조성되었음을 알 수 있다.

이 금고는 비록 문양은 없지만 조선시대 대형 금고로서 조성 연대를 정확하게 알 수 있으므로 매우 중요한 자료임에 틀림없다.

그 명문(銘文)을 정리하면 다음과 같다.

(左) 梵魚寺大雄殿金口
同治元年壬戌五月日重二百五十二斤七兩

(右) 施主甲寅生尹性禧兩主保體
丁未生英佑
卒子
庚戌生英秀
本府西下里

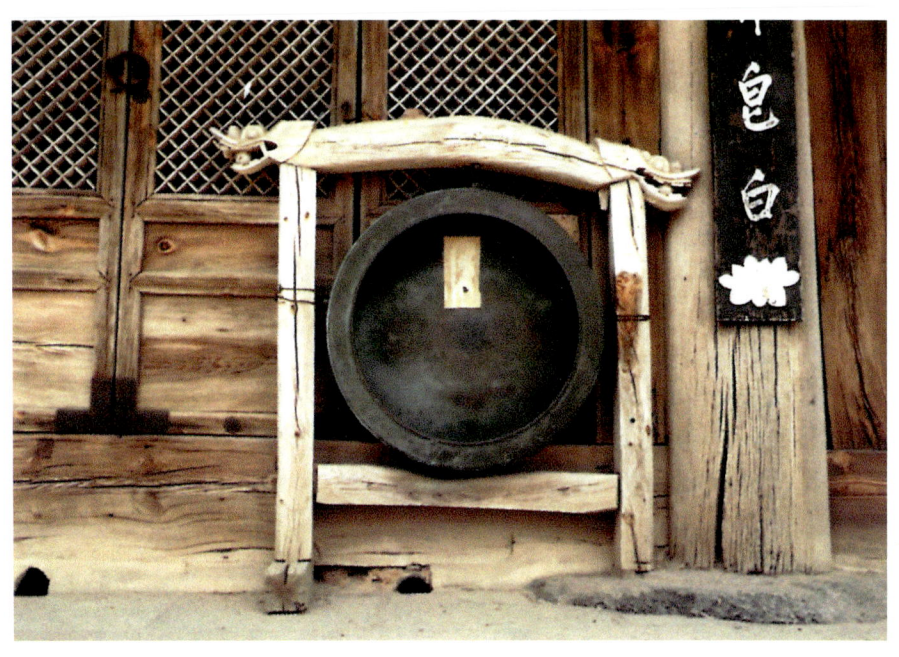

금고 대웅전 오른쪽 문틀에 걸려 있는 금고로,『조선고적도보』의 대웅전 사진에도 보인다. 기형은 뒷면이 들려 있는 징 모양으로 고리가 세 개 달려 있고, 앞면에는 두 가닥의 선으로 원이 형성되어 있을 뿐 아무런 장식도 없다.

법고(法鼓)

종루에 걸려 있는 것으로 입지름 170센티미터, 폭 206센티미터의 대형 법고이다.

사찰 사물(四物) 가운데 하나인 이 법고는 북의 틀을 형성하고 있는 나무통에 천을 씌워 단청을 하고 그림을 그려 놓았지만 지금은 해어져 본래의 모습은 거의 찾아볼 수가 없다.

목어(木魚)

길이 204센티미터, 폭 27센티미터의 이 목어는 머리가 귀와 뿔이 달린 용머리 형태로, 입에는 구슬을 물고 있으며 몸에는 비늘이 정연하다. 종루의 사찰 사물로 근래에 조성했다.

운판(雲板)

종루의 이 운판 역시 최근에 조성한 것으로 능형을 하였으며 악기를 연주하는 주악 비천상이 대칭으로 양각되어 있다. 응화 2525년(應化二五二五年, 1981) 5월에 범어사 주지 석덕명(釋德明)이 조성하였다는 글씨가 새겨져 있다.

목패(木牌)

대웅전 불단 위에는 크고 작은 네 개의 목패가 있다. 큰 것 두 개는 너비 62센티미터, 높이 104센티미터로 "남북통일속성취(南北統一速成就) 천하태평법륜전(天下太平法輪轉)", "시류군생발선제(十類群生發善提) 돈성무상최정각(頓成無上最正覺)"이라는 글씨가 씌어 있고, 작은 것 두 개는 너비 29센티미, 높이 45.5센티미터로 "석가여래위(釋迦如來位)", "시방삼보자존(十方三寶慈尊)"이라는 글이 씌어 있다.

좌우측의 패는 동일 형식으로 화릉형의 뚜껑과 몸체, 받침 부분이 마

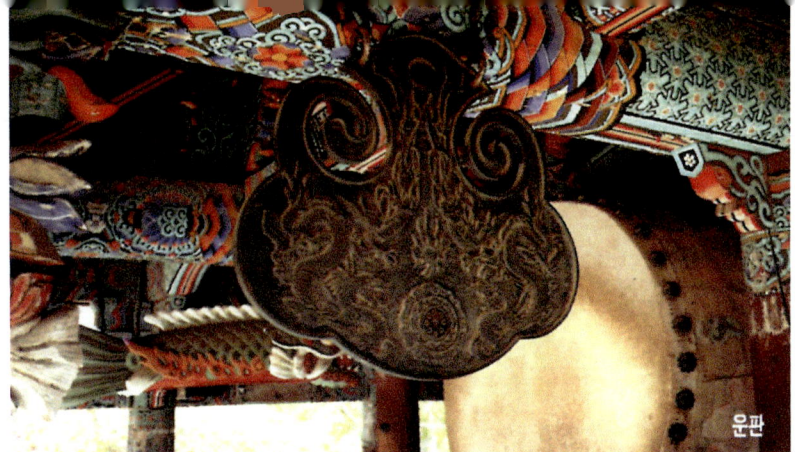

운판

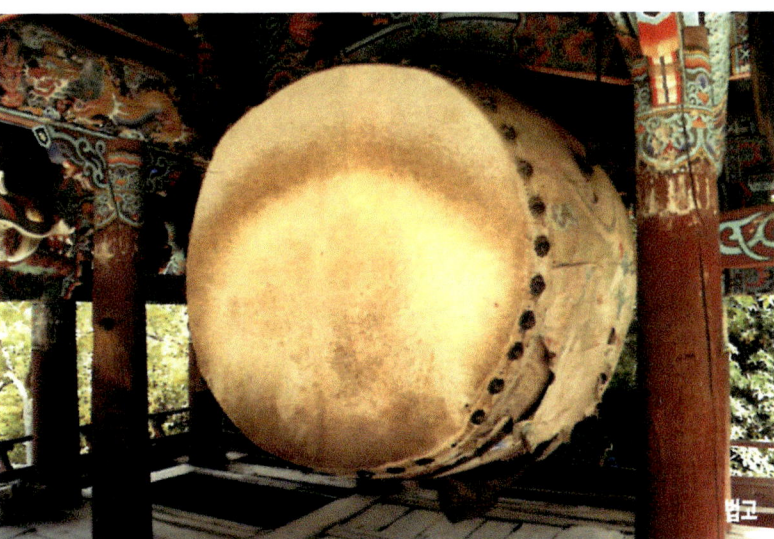

법고

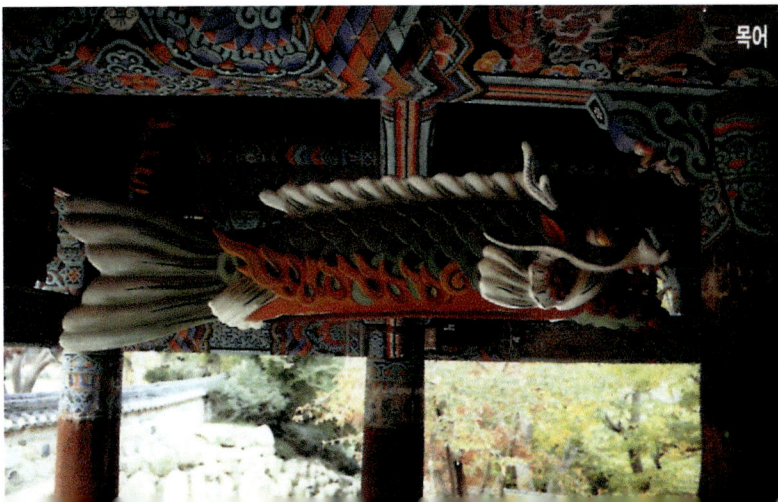

목어

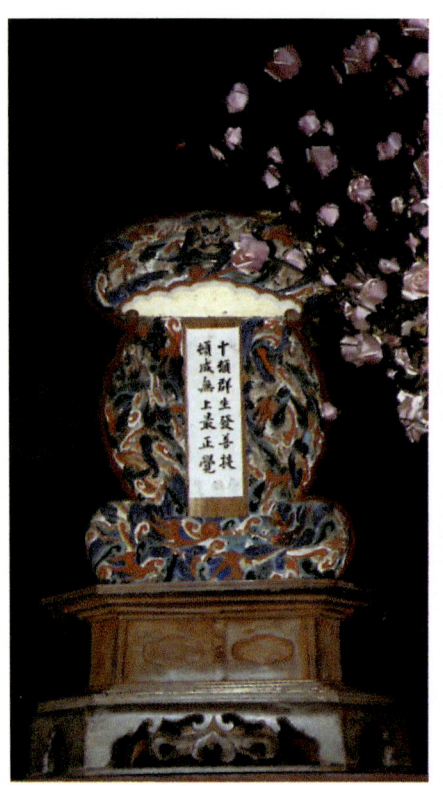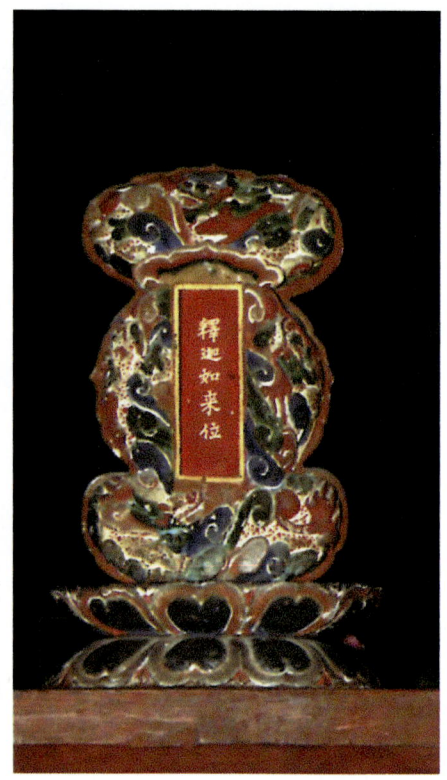

목패 대웅전 불단 위에는 너비 62센티미터, 높이 104센티미터의 큰 목패 두 개와 너비 29센티미터, 높이 45.5센티미터의 작은 것 두 개가 놓여 있다. 왼쪽 것은 "시류군생 발선제 돈성무상최정각"이라 씌어 있는 큰 것 가운데 하나이고, 오른쪽은 작은 목패 가운데 "석가여래위"라 씌어 있는 것이다.

런되고 중앙에 장방형의 구획이 갖추어져 있다. 이 목패들의 제작 시기는 대개 대웅전 안의 상이나 그림과 거의 같은 시기인 19세기 말 또는 20세기 초인 것으로 보인다.

석조 건축(石造建築)

3층석탑(三層石塔)

미륵전 앞에 있는 이 탑은 높이가 4미터에 이르는 3층탑으로서 보물 제250호로 지정되었으며, 상층 기단이 높게 마련된 2층 기단 위에 세워진 방형탑으로 9세기의 전형 양식을 따르고 있다. 상·하층 기단의 면석에는 탱주(撑柱) 대신 안상(眼象)을 마련하고 있는데, 이것은 9세기 탑에서 보이는 장식적인 요소가 아닌가 한다.

각 층의 옥개석(屋蓋石)과 옥신(屋身)은 각각 한돌로 이루어졌는데, 옥개석은 받침이 4단으로 얇아졌고 반전(反轉)을 강조하여 경쾌하지만 2층 이상의 탑신 높이나 폭이 급격하게 줄어들어 고준하기 때문에 안정감이 결여되어 있음을 볼 수 있다.

상륜부(相輪部)는 모두 소실되어 버리고 지금은 노반과 보주만이 남아 있는데, 이 가운데 보주는 후대에 만든 것이고 노반(露盤) 또한 거꾸로 놓여져 있다. 그리고 기단부 아래의 석단과 주위 돌난간은 후대에 보수할 때 설치한 것이라 한다.

이 탑에서 보이는 여러 가지 양식적 특징들은 신라 9세기 탑에서 보이는 전형 양식들로서 조성 시기 또한 이 시기로 추정할 수 있겠다.

석등(石燈)

심검당 앞에 세워져 있는 높이 262센티미터의 이 석등은 부산직할시 유형문화재 제16호로 지정되어 있다.

하대석 위에 8각의 간주석(竿柱石)을 끼우고 상대를 마련하여 화사석(火舍石)과 옥개석(屋蓋石)을 얹고 있는 전형 양식으로 각 부재의 평면이 8각을 이루고 있다. 지대석 없이 놓여 있는 하대석은 8판복엽(八瓣複葉)의 복련(覆蓮)으로 간주(竿柱)를 받고 있다.

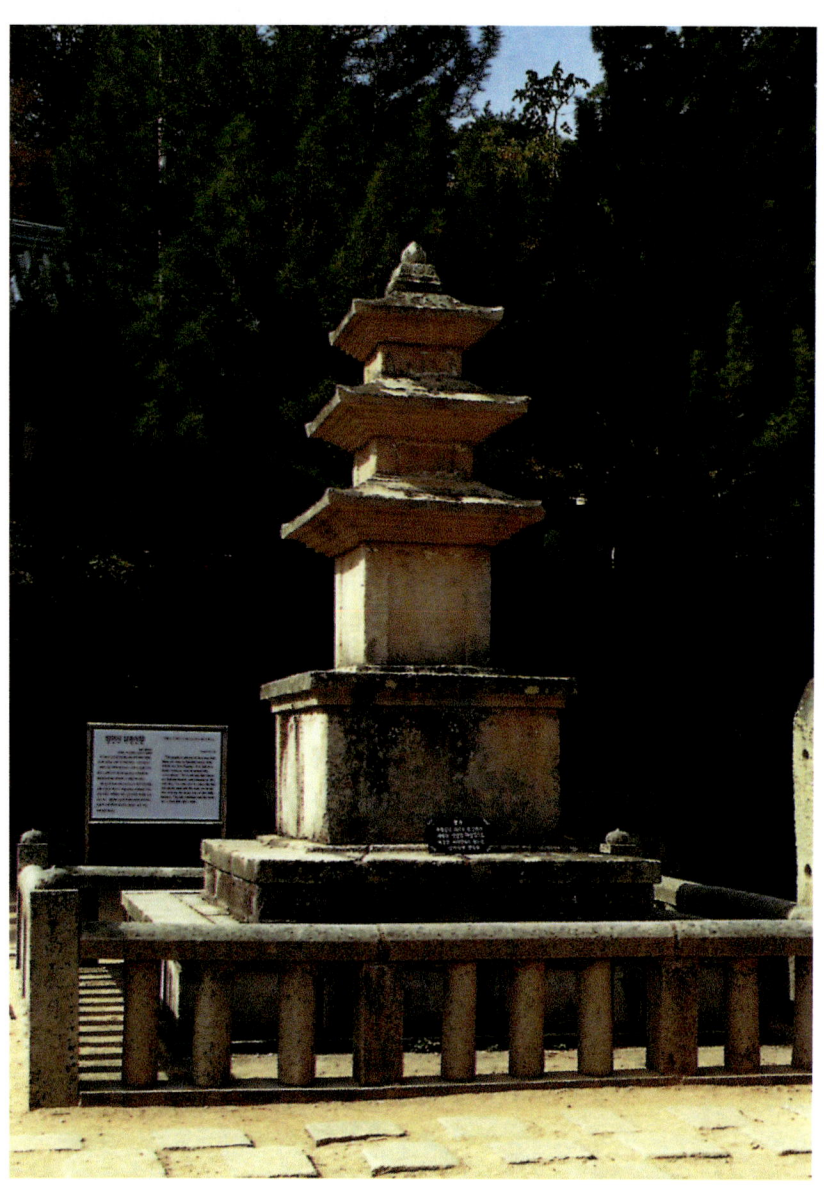

3층석탑 이 탑에서 보이는 여러 양식적 특징은 신라 9세기 탑에서 보이는 전형 양식
들로서 조성 시기 또한 이 시기로 추정할 수 있다. 보물 제250호.

석등 심검당 앞에 세워져 있는데, 원래 용화전 앞에 있었던 것을 일제 때 현재의 자리로 옮겼다고 한다.

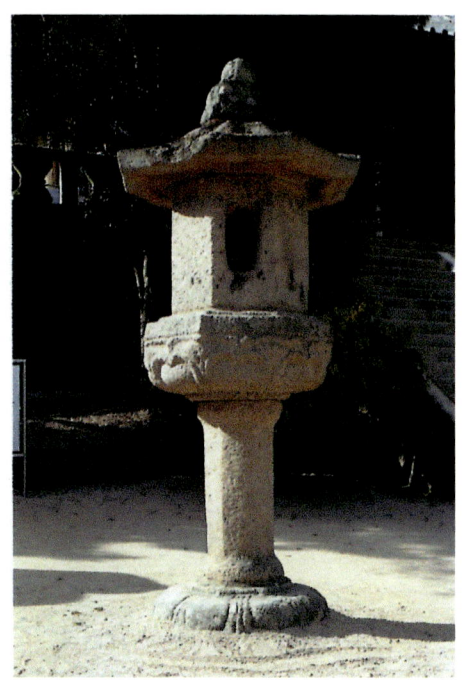

상대석 역시 연화대(蓮華臺)로서 화사석을 떠받고 있다. 화사석 네 곳에는 화창(火窓)이 있는데 주위에 음각선의 틀이 마련되고 작은 구멍이 뚫려 있는 것으로 보아 화창을 달았었음을 알 수 있다.

낙수면의 합각(合角)이 뚜렷한 옥개석은 경쾌하게 네 귀를 반전시켰으며, 상륜부는 노반(露盤)과 연꽃봉오리 형태의 보주만이 남아 있지만 이것 또한 제짝이 아닌 듯 조화롭지 못하다.

이 석등은 원래 용화전 앞에 있었던 것을 일제 때 종루가 있던 현재의 자리로 옮겼다고 한다. 전체적으로 보아 균형이 잘 맞지 않아 조화를 잃고 있는데 이것은 후대에 복원된 간주석과 상대석, 하대석의 비례가 서로 걸맞지 않기 때문이다. 전하는 말에 의하면 의상 대사가 보물 제 250호 탑을 세운 지 3년 뒤 이 석등을 조성하였다고 하나 앞에서 살펴본 여러 특징으로 미루어 보아 고려 말 또는 조선 초기에 조성된 것으로 여겨진다.

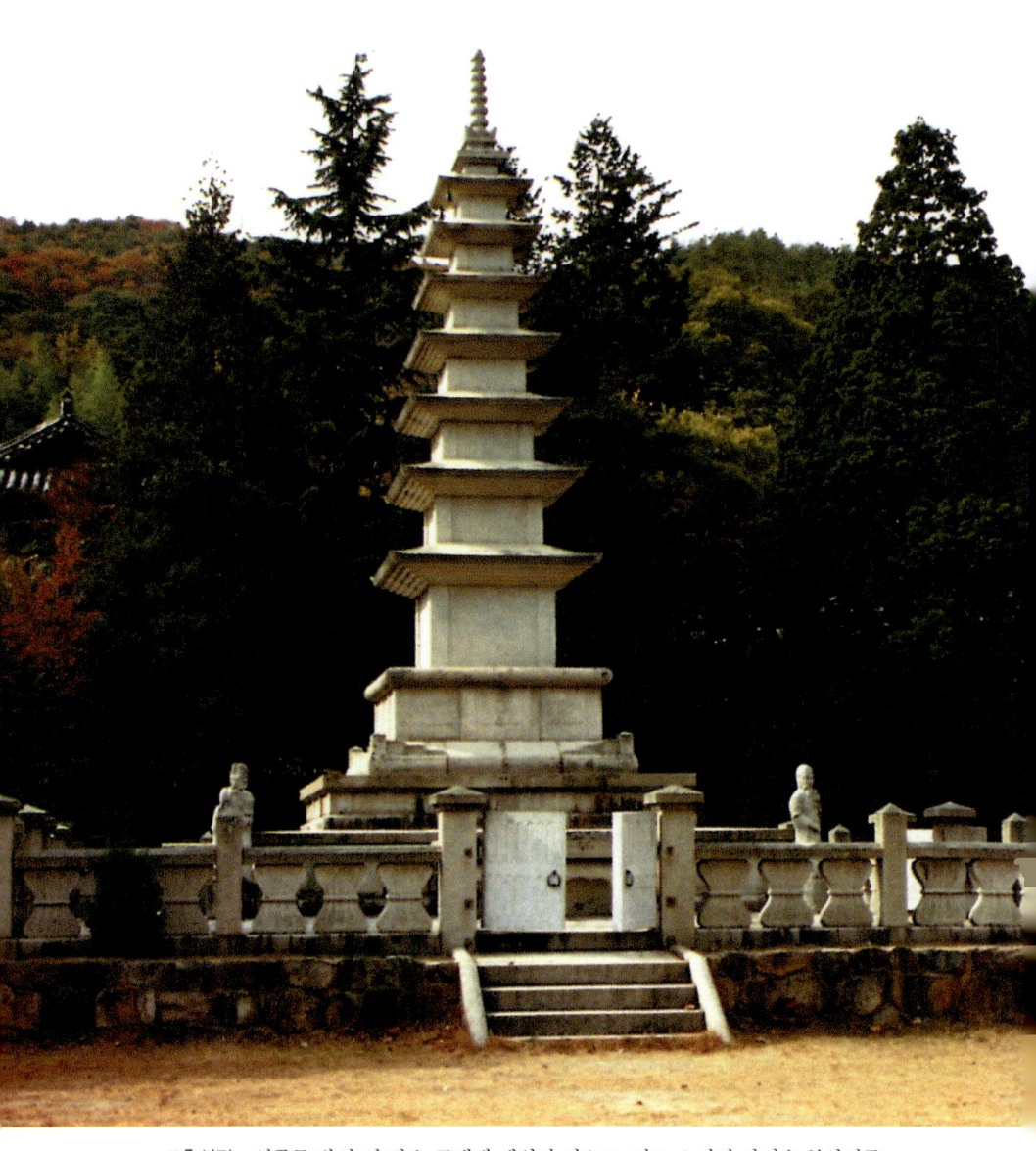

7층석탑　일주문 밖의 이 탑은 근래에 세워진 것으로, 인도 스님이 가져온 불사리를 봉안하였다고 한다. 네 모서리에 석인상을 세웠다.

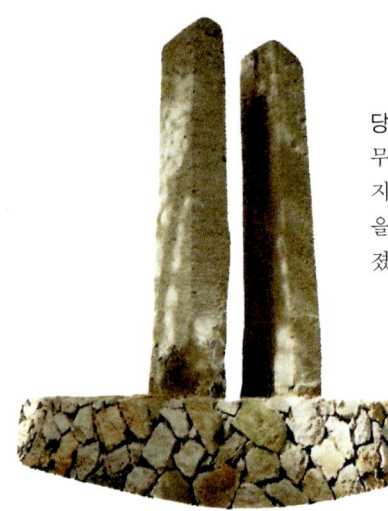

당간지주 장방형의 돌을 거칠게 다듬어 아무런 장식도 하지 않은 채 소박하게 만들어 지주 윗부분에 당간을 고정시키기 위한 구멍을 뚫었다. 고려 말 또는 조선 초기에 만들어졌을 것으로 추정된다.

7층석탑(七層石塔)

일주문 밖에 세워진 이 탑은 근래에 세워진 것으로, 인도 스님이 가져온 불사리(佛舍利)를 봉안하였다 하지만 알 길이 없다. 높다란 2층 기단 위에 세워진 탑으로, 신라 탑 형식을 모방하였으며 그 주위로 돌난간을 두른 뒤 네 모서리에 호법(護法)을 의미하는 석인상(石人像)을 세워 놓았다.

기타 석조물(石造物)

당간지주(幢竿支柱)

'당간'이란 사찰에서 당번(幢幡)을 달아 두는 깃대로 주로 사찰 입구에 세워지며, 기를 달아서 사찰의 소속 종파·사찰의 경계·불보살의 장엄 등을 의미한다. 이 당간을 세우기 위해 시설한 깃대 받침을 '당간지주'라 한다.

당간지주는 대개 기단석과 간대를 구비하여 기단석 각 면에는 안상 (眼象)을 새기고 위에는 간구(竿溝)를 마련한다. 그러나 범어사 당간지 주는 사찰 입구 석축 위에 지주만 남아 있을 뿐이다. 장방형의 돌을 거 칠게 다듬어 아무런 장식도 하지 않은 채 소박하게 만들어 지주 윗부분 에 당간을 고정시키기 위한 구멍을 뚫었을 뿐이다. 현재 부산직할시 유 형문화재 제15호로 지정되어 있으며, 고려 말 또는 조선 초에 만들어졌 을 것으로 추정된다.

괘불대(掛佛臺)

미륵전 앞에 서 있는 이 괘불대는 당간지주를 연상시킬 만큼 크게 만 들어졌다. 아랫부분을 넓게 하여 'ㅗ' 자형을 이루어 대를 지탱하게 했 으며, 위아래로는 구멍을 뚫어서 대를 지탱하게 했음을 알 수 있다.

이 괘불대는 그 조성 수법이나 질(質)로 미루어 당간지주와 거의 같은 시기인 고려 말 또는 조선조에 만들어진 것으로 추정된다.

석제 수조(石製水槽)

사찰 입구에 있는 이 석조는 기다란 타원형으로서 구연부의 한쪽 턱 을 높게 하여 마치 배와 같은 형상을 하고 있다. 현재 물이 가득 차 있는 이 석조는 몸통과 구연 일부만 깨어졌을 뿐 거의 완벽한 모습을 하고 있 는데, 만든 시기는 대략 당간지주와 같은 고려 말 또는 조선 초로 여겨 진다.

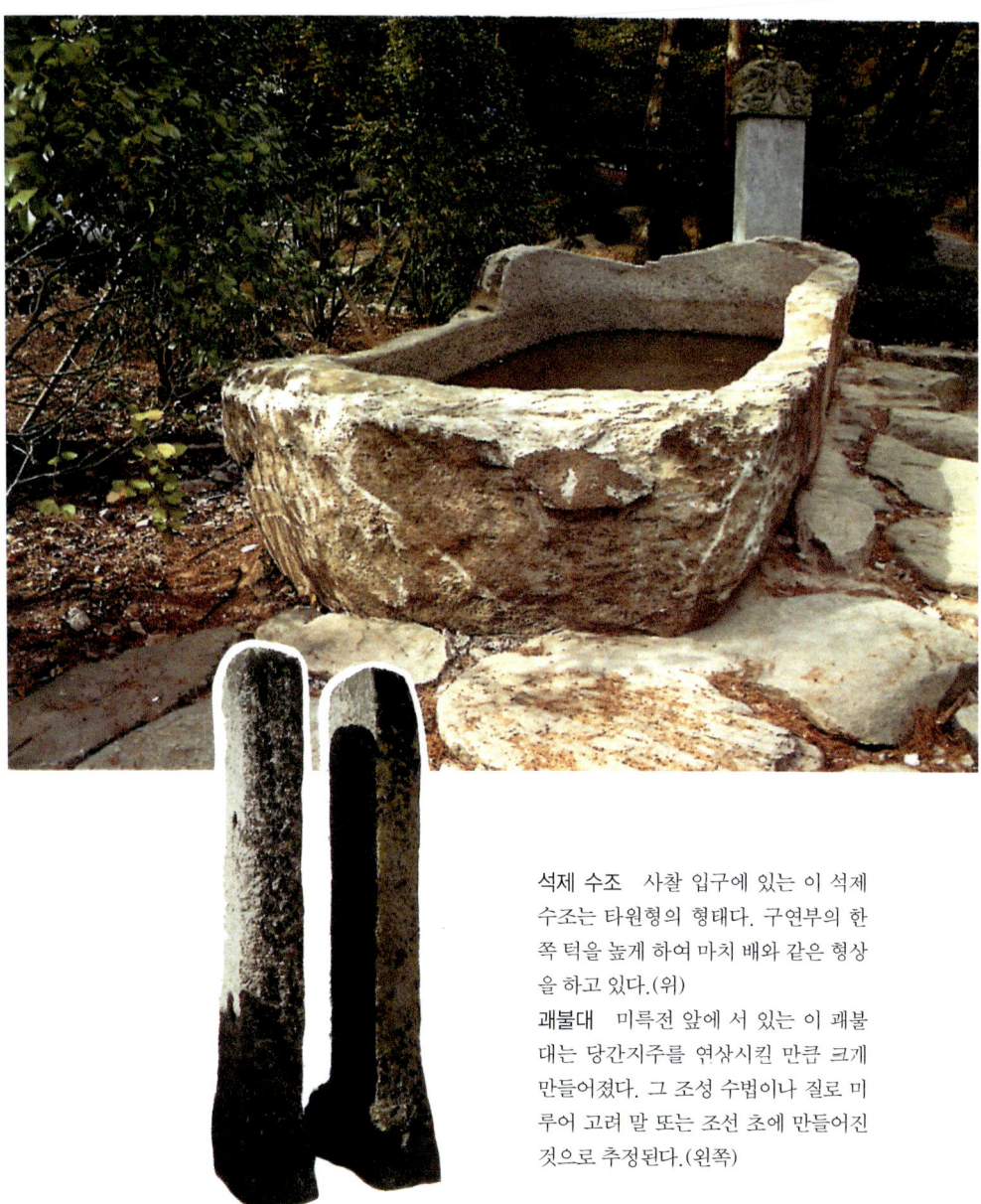

석제 수조 사찰 입구에 있는 이 석제 수조는 타원형의 형태다. 구연부의 한 쪽 턱을 높게 하여 마치 배와 같은 형상을 하고 있다.(위)

괘불대 미륵전 앞에 서 있는 이 괘불대는 당간지주를 연상시킬 만큼 크게 만들어졌다. 그 조성 수법이나 질로 미루어 고려 말 또는 조선 초에 만들어진 것으로 추정된다.(왼쪽)

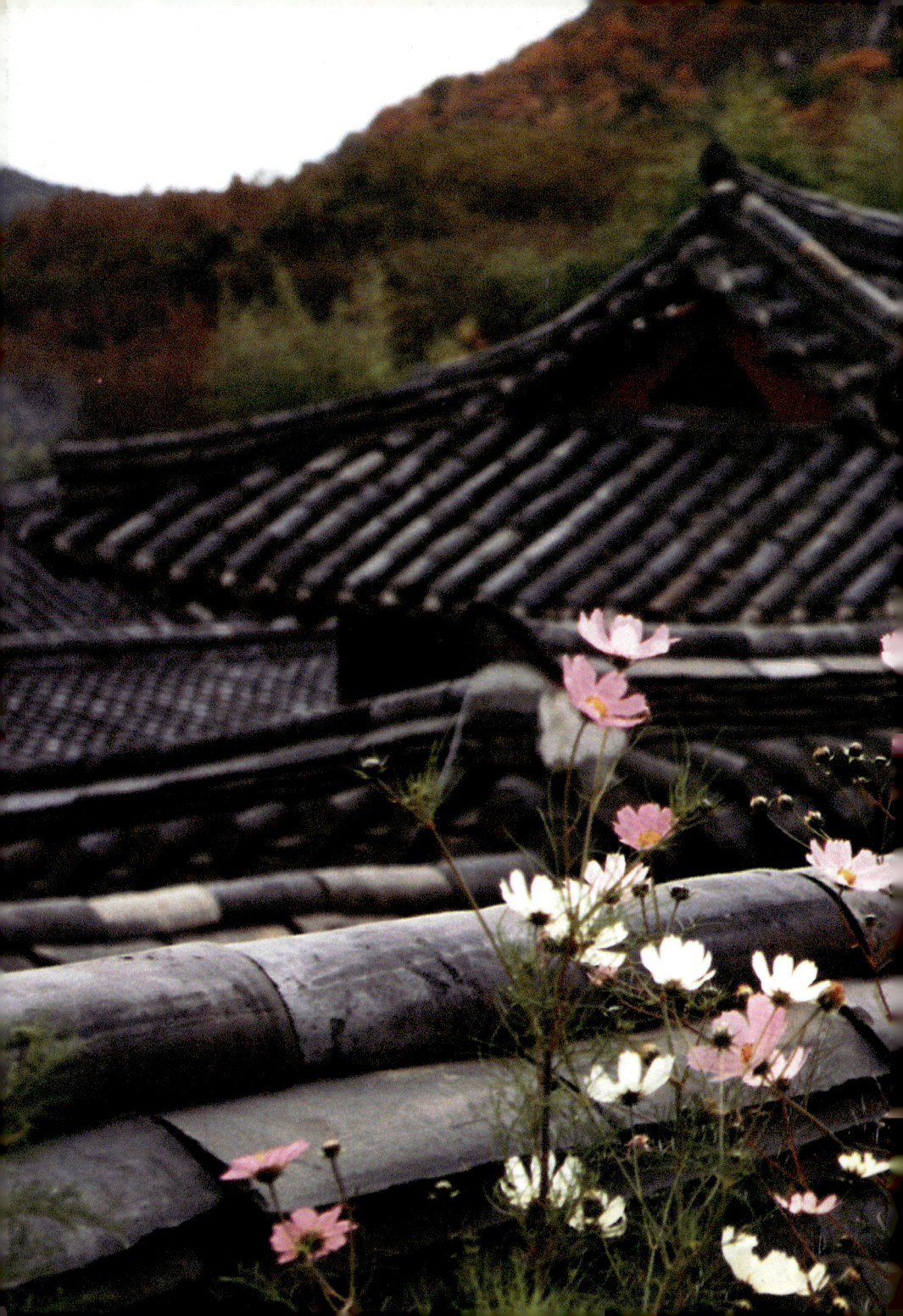

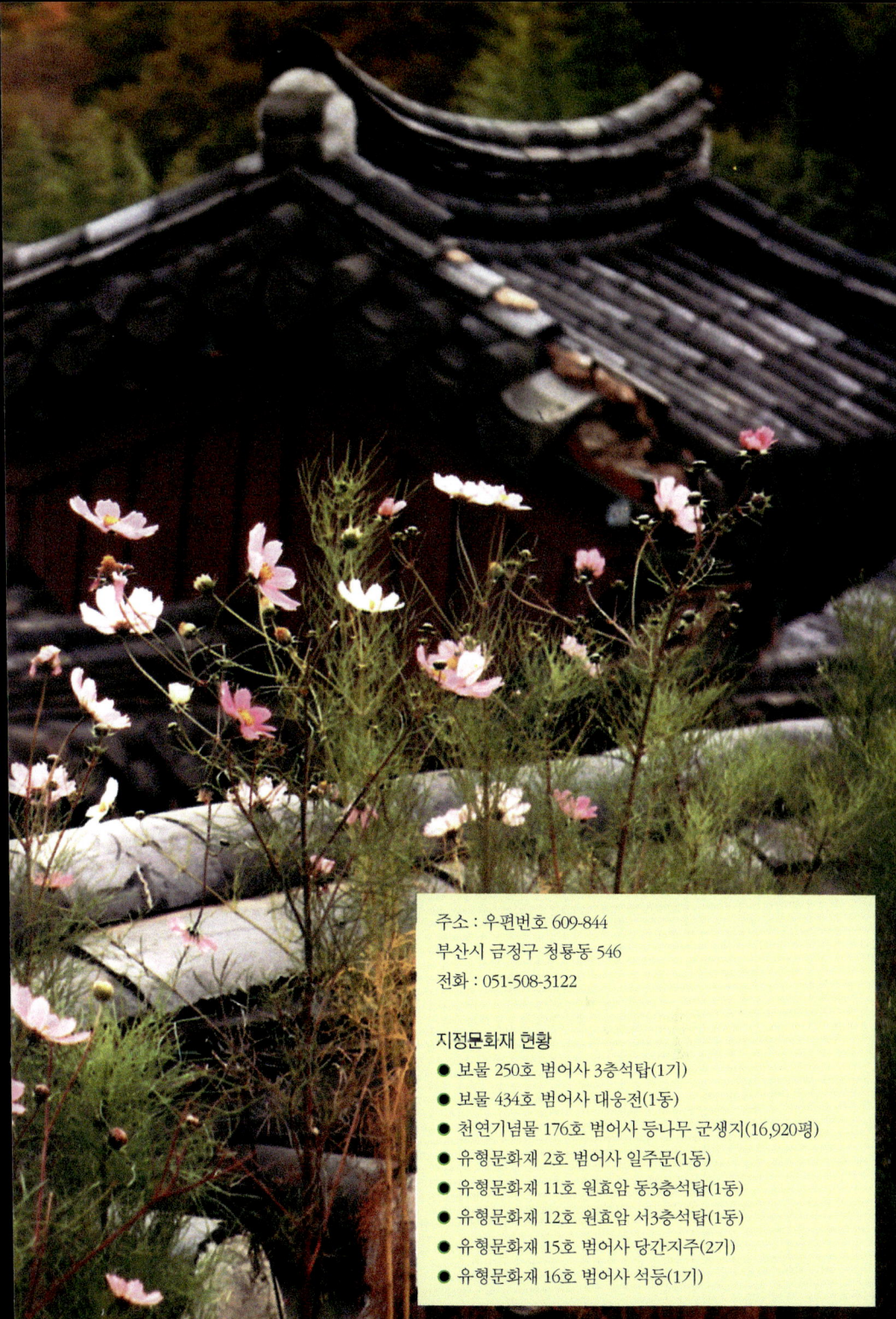

주소 : 우편번호 609-844
부산시 금정구 청룡동 546
전화 : 051-508-3122

지정문회재 현황
- 보물 250호 범어사 3층석탑(1기)
- 보물 434호 범어사 대웅전(1동)
- 천연기념물 176호 범어사 등나무 군생지(16,920평)
- 유형문화재 2호 범어사 일주문(1동)
- 유형문화재 11호 원효암 동3층석탑(1동)
- 유형문화재 12호 원효암 서3층석탑(1동)
- 유형문화재 15호 범어사 당간지주(2기)
- 유형문화재 16호 범어사 석등(1기)

빛깔있는 책들 103-32

범어사

초판 1쇄 발행 | 1994년 7월 30일
초판 7쇄 발행 | 2025년 3월 15일

글 | 채상식, 서치상, 김창균
사진 | 김종섭

발행인 | 김남석
발행처 | ㈜대원사
주   소 | 135-230 서울시 강남구 개포로 140길 32 원효빌딩 B1
전   화 | (02)757-6711, 6717
팩시밀리 | (02)775-8043
등록번호 | 제3-191호
홈페이지 | http://www.daewonsa.co.kr

값 13,000원

ⓒ Daewonsa Publishing Co., Ltd
Printed in Korea 1994

ISBN | 978-89-369-0154-7(89-369-0154-0)   00220
       978-89-369-0000-7 (세트)

빛깔있는 책들

민속(분류번호:101)

고미술(분류번호:102)

불교 문화(분류번호:103)

음식 일반(분류번호:201)